母の家がごみ屋敷

高齢者セルフネグレクト問題

毎日新聞 記者 Akira Kudo
工藤 哲

毎日新聞出版

母の家がごみ屋敷

高齢者セルフネグレクト問題

はじめに　「捨てにくい」社会を生きる

普段何気なく自宅の近くを歩いている時、ひょっとしたらこんな家を目にすることがあるかもしれない。

玄関の前には無造作にものやごみが置かれ、周囲には草木が生い茂っている。部屋の窓は閉め切ったままで、人が住んでいるのか出入りしているのかすらもよく分からない。だが夜になると電気がついていたり、ついていなかったりする。「どうも高齢者が1人で暮らしているようだ」。こんな近所のうわさも聞こえてくる。

また、集合住宅の中には、こんな場所はないだろうか。入り口付近はそうじをされている気配がなく、ベランダを見てみるとごみのようなものが入った袋が山積みになっている。洗濯ものが干されている様子もない。

おそらくそこに住む当人は何らかの事情を抱えているのだろう。近所に住む人たちは、なぜこうなってしまったのか気になりつつも、声はかけづらい。あるいは、面倒を抱えるのを避けるため、見て見ぬふりをする——。

また、日常生活の中で、こんな体験をした人も多いのではないだろうか。

朝、目が覚める。時計を見ると午前8時を回っている。「あ、まだやっていなかった！」。急いで飛び起きて、食事や洗顔よりも先にとりかかることがある。

それは、ごみ捨てだ。

寝起きであわてて部屋中から捨てるものを集めて袋に詰め込み、それを両手に抱え、ごみ置き場に向けてダッシュする。

筆者が以前住んでいた東京23区内の自治体では、ごみは午前8時までにごみ置き場に運ばなくてはならない。

例えば、月曜日は新聞や段ボールなどの古紙やプラスチック。火曜日と金曜日は生ごみなどの可燃ごみ、水曜日はビンと缶。不燃ごみは第1、第3土曜日の月2回。こ

ものがたまった状態の一軒家。玄関の近くに無造作に置かれていた

東京23区東部／2016年8月（撮影：筆者）※一部画像を処理しています

の日を逃すと、次の機会まで部屋のベランダに置いておかなくてはならない。

ごみ捨てを終え、ほっと一息ついてから1日の準備を始める。

こんな朝を筆者は何度も体験した。2016年に国外駐在を終えて日本に帰国したのだが、引っ越しによって生じた大量の段ボールに新しく購入した家電・家具の段ボールも加わり、月曜日の朝は毎週気が抜けない状態だった。

また筆者は普段、インターネットの通信販売で書籍や生活必需品をよく購入する。紙や段ボールで包まれた品がどんどん届く。店で買うより通販のほうが安いと感じ、つい多めに買ってしまったりする。こうなると、徐々に部屋のスペースは紙類で占領されていく。

以前駐在していた北京では集合住宅の20階に住んでいたのだが、各階にごみ置き場があり、いつでもごみを捨てることができ、分別する必要もなかった。

そんな生活に慣れてしまっていた筆者にとって、日本でのごみ出し作業は、なかなかなじみにくく、増えていくものを眺めながら、「もし年齢を重ねた後に動くのがきつくなったり、けがや病気で外に出られなくなったり、捨てる気が衰えてしまったりしたら、あっという間にごみやものはたまってしまうのではないか」「こうしたしんどさを抱える人は自分だけだろうか。実際には少なくないのではないか」、そんなことを考えるようになった。

最近では、24時間いつでもごみを捨てられるマンションなども増えてきている。しかし、戸建て住宅をはじめ、集合住宅の大部分は決められた曜日の午前中の早い時間に、指定されたごみ置き場に分別して出さなければならない。

地方のある地域では、可燃ごみ以外は近くの公園で決まった日に分別回収をしている。このような場合、高齢者がそこまで持って行くのは大きな負担がかかるはずだ。天気が悪い日ならなおさらだろう。

２０１６年の初夏から、「ものがうまく捨てられない人」の取材を始めた。そこで何度も耳にしたのが、高齢者らが体力の低下や認知症、生活意欲の衰えなどから身の

ごみ出しをする高齢者
東京23区内／2016年夏（撮影：筆者）

回りのことができなくなる「セルフネグレクト（自己放任）」という言葉だ。「ネグレクト」とは、他者による世話の放棄・放任を意味する。つまり、セルフネグレクトは「自分自身による世話の放棄・放任」だ。この状態が続けば室内にごみやものがたまって不衛生になり、何らかのはずみでそれらに引火して、火災などを引き起こす危険性もある。もちろん、本人の健康も悪化していく。

こうした状態を引き起こすきっかけの一つに、肉親や配偶者など最も身近な人が亡くなったことに対する強いショックが挙げられる。日常生活への意欲を失う一方で、「人に迷惑をかけたくない」との意識が強く働き、外部からの支援を長期間にわたって拒否していることなどが背景にあるといわれる。

関係者に話を聞いていくにつれ、こうした問題は現実にかなり広がっており、セルフネグレクトには「誰もがなり得る」ということも分かってきた。

高齢化や未婚化、単身世帯化が進み、２０４０年には一人暮らしの高齢者は男性の５人に１人、女性の４人に１人になる見通しだ。セルフネグレクトの状態に陥る人は今後ますます増えていく可能性がある。これらの事例は欧米や韓国などでも把握されているが、日本の実状はまだよく分かっていないことも多い。定義も一部の専門家の間にとどまっている。

行政側もこうした事例を現場レベルでは把握し、増加を懸念する声も少なくない。しかし、効果的な対策を講じている例は全国的に見れば決して多くはない。

現代はインターネットの通販やオークションが普及し、街中でも買い物ができる場所に事欠かない。安く簡単にものが手に入る時代だ。だが、ものが増えるに従い、私たちは捨てていく術も身につけていく必要がある。私たちは「捨てにくい社会」を生きているのだ。

本書は、毎日新聞に掲載された一連のキャンペーン報道の記事をもとに、追加取材を加え、一冊にまとめたものだ。全国各地の家や部屋、また離れて住む父や母の大切な住まいが、なぜ時を経るにつれて「ごみ屋敷」に変わってしまったのか。その背景を取材するとともに、セルフネグレクトの現状や行政の取り組みをまとめた。さらに事態の改善に向けた課題を探った。

本書をきっかけに、セルフネグレクト問題に対する理解が深まれば幸いだ。

※文中の名前の表記、所属、肩書き、年齢は取材時のもの。

母の家がごみ屋敷　高齢者セルフネグレクト問題／目次

第2章 セルフネグレクトの現場から 45

第3章　行政の模索　79

第1章

顕在化する「ごみ屋敷」

「ごみ屋敷」はセルフネグレクトと関連も

体力の低下や認知症、身内を失った喪失感などから生活意欲が衰え、身の回りのことができなくなる高齢者の「セルフネグレクト（自己放任）」が、社会問題として注目されるようになった。セルフネグレクトは、ものが捨てられずに室内にたまってしまう「もの部屋」「ごみ屋敷」「ごみ部屋」と同一ではないが、密接に関連している。生活意欲が失われた状態が長く続くことで、ものを定期的に捨てられなくなってしまうことが少なくないからだ。

セルフネグレクトに陥った状態で発見された時、室内がいわゆるごみ屋敷になっているケースも数多く報告されている。ごみ屋敷は、セルフネグレクトが過度に進行した状態と指摘する関係者もいる。

果たして、こうした事例はどのくらい確認されているのだろうか。実は件数や背景も含めて具体的な実態把握は進んでいない。

ごみ屋敷の件数や状態、背景を探ることで、セルフネグレクトの実態の一端が浮かび上がってくるのではないか。こんな問題意識から、全国のごみ屋敷の現状について探ることにした。

ごみ屋敷を巡る報道は、近年全国各地で目にするようになっている。主に悪臭などが原因で近隣住民とトラブルになったり、放火や火災が発生して警察や消防が出動したりしたケースだ。

毎日新聞の過去の記事をたどると、近年もいくつかの問題が立て続けに起きていた。ここに紹介する新聞記事は事実関係を伝えてはいるが、当事者がどのような家族構成でどんな仕事をし、なぜこうした状態に陥ってしまったのかを理解するのは難しい。セルフネグレクトとの因果関係などについても、これらの記事では触れられていない。しかし、それぞれのケースには何らかの複雑な事情があるのではないか、と想像させるものだった。

こうした事例は、敷地外にもごみが積み重ねられるなど、事態が相当悪化した末に報道に至っている。実際には、外観だけでは判断できない「予備軍」も相当数存在している可能性がある。

〈ケース1・愛知県蟹江町〉

2007年2月、無職男性（72歳）が自宅の屋根の上に廃材を積み上げ、それらが崩れる危険があるとして、付近の住民が男性を相手取り撤去を求めた仮処分申請で、名古屋地方裁判所は男性に撤去を命じた。裁判官は「（廃材が）周囲に崩れ落ち、不動産を損壊するなどの恐れがある」と述べた。

裁判所の決定などによると、男性宅は木造平屋建てで、男性は約10年前から屋根の上に鉄くずやプラスチックなどを積み上げ始め、高さは約10メートルになっているという。付近住民が町に苦情を訴えていたが、町側は「異臭などはなく、行政は私有地の管理について指導できない」などとしていた。

しかし廃材が隣家に倒れかかったため、町が男性に改善を申し入れた。男性は「少しずつ撤去している」などと話していたが、一向に改善されないことから、住民が仮処分を申し立てた。男性は町に「（廃材は）ごみではない」などと説明していたという。

近所の人は「台風や地震が来たらどうなるのかと不安だった。一日も早く撤去してほしい」と話した。

地域住民らボランティアによるごみの撤去作業
愛知県蟹江町／2007年3月（撮影：木村文彦）

〈ケース2・埼玉県行田市〉

埼玉県警行田警察署は2008年10月、自宅前の歩道に大量のごみを放置していた行田市の自転車修理店経営の男性（79歳）を道路交通法違反（道路における禁止行為）容疑で逮捕した。

男性が自宅や歩道上のごみを捨てることに同意したため行田署と埼玉県、さらに市の担当者ら約30人がこの日、2時間以上かけてごみ4・25トンを撤去した。

調べでは、自宅兼店舗前の歩道上に交通の妨げになるごみ2・25トンを放置した疑い。取り調べに対して男性は「周りに迷惑をかけて申し訳ない」と容疑を認めているという。

近所の人たちによると、ここは男性の自宅がごみ屋敷状態となり、歩道の半分ほどをふさいできた。ごみは2006年1月からたびたび撤去が行われ、今回で4回目となる。近所の人たちは「また前のようにならないか心配だ」と話していた。

県警によると、ごみをため込んで近隣に迷惑を及ぼすこともあるごみ屋敷問題への対応は、所有者を廃棄物処理法違反で摘発したり、自治体が行政代執行で撤去したり

積み上げられたごみを撤去する捜査員や県職員ら
埼玉県行田市／2008年10月（撮影：町田結子）

することが多く、道路交通法での摘発は珍しいという。

男性は1997年ごろから廃棄された家具や自転車などのごみを拾ってきて自宅前に置き始めたといい、歩道の半分をふさぐまでになった。周辺住民から「自転車に乗った中学生がごみで転んだ」「歩行者がごみを避けて車道に飛び出すので危ない」などの苦情が寄せられていた。

行田署や県の出先事務所、市が再三撤去を要請したが応じず、その後逮捕の事態に至った。

〈ケース3・愛知県豊田市〉

2015年8月25日午後、豊田市の無職男性（76歳）宅から出火。男性宅と隣接する木造2階建ての隣家一棟が全焼し、もう一棟の隣家の一部などを焼いた。男性の家は屋外までごみがあふれるごみ屋敷として知られ、豊田市が7月から対策強化に乗り出していた。男性は逃げて無事だった。

豊田署によると、男性は出火後「家が燃えてしまった」と近くの交番に駆け込んだ。その後、両隣の住宅に延焼したという。

市によると、住宅には男性が居住し、2003年ごろからごみを集め始め、市は2010年と2013年の2回にわたりごみを撤去した。男性は火災後に土地を売却し、撤去費や損害金を市に支払った。隣人のうち2人は男性に損害賠償請求訴訟を起こし、2016年に男性が約800万円を支払うことで和解が成立したという。

その後の市の調べで、2015年12月の時点で豊田市内にはごみ屋敷が11棟確認された。所有者が「資源」だと主張し、強制撤去が難しい場合が少なくないという。片づいた事例もあったが、住民が地域から孤立していたり、健康上の問題を抱えていたりして未解決の事例が半数を超えたという。

〈ケース4・福島県郡山市〉

2016年10月、近隣住民から「ごみ屋敷」と呼ばれていた家に住んでいた74歳の男性宅の木造平屋建てから出火し、男性が遺体で見つかった。台所にある電気コンロの近くが激しく燃えていた。

男性は一人暮らしで、敷地内には電化製品や紙くずなどが入った袋が散乱していた。市は3月下旬に行政代執行を実施し、ごみを強制的に撤去した。だが、その後も男性は敷地や室内に、ごみを集め続けていたという。

近所に住む70代の女性は、「男性の叫び声が聞こえて、外に出ると真っ赤に燃えていた。普段からごみがたくさんあったので、火事にならなければいいと心配していた」と話した。

市が強制撤去したごみ屋敷は市内の4カ所で、いずれも男性が管理していた。撤去したごみの総量は約24トンに達したという。市によると、撤去費用は200～300万円と見積もられた。男性は「敷地にあるものは財産」と主張していたという。

撤去作業を見守った近所の男性は、「6年前からごみをため始めた。最近は生ごみも集め、悪臭がひどかった。代執行は当然だが、ごみが再びたまらないよう行政は対策を取って欲しい」と話した。

福島県郡山市の住宅敷地からごみを撤去する作業員
郡山市／2016年3月（撮影：浅田芳明）

〈ケース5・岐阜県岐阜市〉

２０１６年11月17日午後、民家で男性２人と女性１人の遺体を岐阜県警岐阜南署員が発見した。遺体に着衣の乱れや、室内を荒らされた形跡はなく、この家に住む男性（73歳）と女性（71歳）の夫婦、長男（43歳）と連絡が取れないことから、県警は３人が病死や無理心中した可能性もあるとみて身元確認を進めた。

岐阜南署によると、16日朝、男性の生活支援をしている市の地域包括支援センターの職員（46歳）から「男性と連絡がつかない」と交番に届け出があり、署員が屋内に入った。３人とも死後しばらく経過し、うち２遺体は腐敗が進んでいた。市によると、職員は９月に介護保険の申請を男性に打診したが断られ、11月に訪ねた際も入り口が開かなかったという。大家の男性（76歳）は、「家賃の滞納が続き、賃貸契約も切れていた」と話した。

その後の調べで、夫婦とみられる遺体は死後２カ月程度とされ、長男とみられる遺体と比べて腐敗が進み、先に死亡した可能性が高いとみられることが判明。長男とみられる遺体は極端にやせて餓死が疑われる状態だった。長男は２０１５年４月、市の就労サポートセンターに「働きたいけど仕事が見つからない」と相談していた。担当者が相談に乗ると伝えたが、以後は訪れなかったという。

関係者によると、3人の住宅の大部分は木や草に覆われ、室内には新聞や雑誌が山積みになり、浴槽にもごみがたまった状態だった。

市は2017年4月、福祉部局が連携を深めるための窓口連携会議を開き、対策に乗り出した。

ことば●地域包括支援センター

高齢者の介護などの総合的な支援窓口として自治体が設置している。保健師や社会福祉士、ケアマネジャーといった専門職が常駐し、地域の介護や医療、福祉関係者らと連携して高齢者やその家族を支援する。中学校区（人口2～3万人）に1カ所を目安に置かれ、多くは民間委託されている。介護保険法改正で在宅介護支援センターに代わり2006年4月から設置が義務づけられた。

火災の現場を歩く

２０１６年６月、現場の一つである愛知県豊田市（ケース３）を訪ねた。既に家は更地となっており、人通りもまばらだ。

近隣住民によると、男性には妻子がいたが、家にものがたまった状態が長年続き、家族は男性から離れていった。一人暮らしになった男性は猫を20匹近く飼い、えさを与えていたという。

「男性には、身内に何らかの不幸があったのかもしれません」

住民の1人はこう案じた。

また、別の女性はこう語った。

「近所の人はこの状態に長年苦しみ、家の周囲の清掃にも協力してきたのです。またあんな状態の家が近所にできてしまうのは困ります。もうこれからは静かに生活させてほしいのです」

火災の前には、この家でぼやが数回起きたこともあり、近所の住民は火災をかねてから懸念していたという。

延焼し、家の改修を余儀なくされた隣の家の女性はインターホン越しにこう語った。

「何もお話しできません。取材は一切お受けしません」

市によると、市の担当者や近所の住民が協力してごみの撤去を手伝ったこともあったが、再びたまってしまうということを繰り返した。

数回にわたって撤去し、かかった撤去費用は計３００万円を超えたという。火災の原因は蚊取り線香の延焼だった。男性はその土地に残ることを望んだが、行政などの説得もあり、高齢者施設に移ることになった。

市はこうした事例に即応できなかった反省を踏まえ、２０１６年4月に「不良な生活環境を解消するための条例」、いわゆるごみ屋敷の対策条例を施行した。

市は、表面化した問題はごみ屋敷、いわば環境問題だが、福祉的な要因が内在していると捉え、個々の事情に応じた対応が必要だとしている。

ごみ屋敷の実態調査

そもそもこうしたごみ屋敷は、実際には全国でどのくらいの件数が把握されているのだろうか。

調べてみると、国土交通省が２００９年、「空き地・空き家等外部不経済対策について」という調査結果をまとめていた。

これは「少子高齢化・人口減少等に伴い、空き地・空き家といった適正な管理がされない不動産が増加するなど、周辺に外部不経済をもたらす土地利用が発生・増加」していることを受けて全国の自治体を対象にアンケート調査を行い、約１２００から回答を得たという。

この中で、ごみ屋敷については、「所有者がごみと認識していないなどの問題がある」「解消に直接的につながる法令がない」とし、「所有者の意思の問題があり、行政が踏み込みにくい」「保健、福祉、環境等関係部局間の連携が必要となる」との問題点が示されている。

調査は、次のような結果だ。

・ごみ屋敷が「発生している」市区町村　全体の21％

・「特に問題（影響）が大きい」市区町村　全体の６％

「その他」の記入欄には、「所有者の性格」「環境衛生面に関心がない」「迷惑行為に対する無自覚」「高齢化などによる適応力の低下など」といった文言が並んでいるが、居住者がごみ屋敷になった背景や、生活状況について詳しく踏み込んだ内容は見られない。

担当者は取材に対し「具体的なデータまでは分からない。省としても対策を打ち出すまでには至っていない」と答えた。

国交省はごみ屋敷の存在は認識しているが、その現場になっているのはどのような場所（中心市街地、山地、農地など）かを問う調査にとどまっていた。この調査は空き地や空き家が主な対象だが、ごみ屋敷には人が居住しており、空き家とは大きく状況が異なるはずだ。調査が実施された後も、ごみ屋敷対策に関連するとみられる厚生労働省や環境省との情報共有や連携は進んでいないようだった。

アンケートが示す現状

国交省の調査結果だけでは全体像はなかなか見えてこない。まずは実態を把握する必要があるのではないか。そんな問題意識から、各自治体に対し毎日新聞で独自アンケートをすることにした。

都市部で問題がより深刻と予想されるため、県庁所在市と政令指定都市、東京23区に送付した。各自治体に、次のような質問を投げかけてみた。

・管内の「ごみ屋敷」件数の調査の有無
・苦情件数
・居住者の年齢、性別、原因などの内訳
・今後の調査予定の有無、時期
・「ごみ屋敷」に関する条例の有無
・条例制定予定の有無、時期など
・「ごみ屋敷」に対応するための専門部署、連絡会議などを立ち上げているか。もし立ち上げている場合、名称、発足時期、人員数などの概要
・近隣で条例を制定している自治体の有無

・「ごみ屋敷」の対応を巡る意見、改善策など

自治体関係者の協力を得て集めた結果をまとめると、これまで分からなかった数字が浮かび上がってきた。

その結果を、２０１６年10月23日付の毎日新聞1面トップで報道した。

「ごみ屋敷」条例16％　大半高齢者、対策進まず　主要市区調査

家屋に大量のごみをためるごみ屋敷に対処する条例の有無を県庁所在市と政令指定都市、東京23区の計74市区を対象に毎日新聞がアンケートしたところ、条例があるのは12市区で16％にとどまった。

居住者には高齢者が多く、福祉部門とごみを扱う環境部門との連携は必須とされるが、連絡会議や専門部署の設置は17市区で23％止まり。専門家は「認知症などの影響で誰にも起こり得る。自治体任せにせず、国が対策に取り組むべきだ」と指摘する。

アンケートは２０１６年６～7月に実施。ごみ屋敷の調査をせず件数不明の市区は

22、未調査でも住民からの苦情件数などを把握する市区は41、85％は未調査だった。件数最多は神戸市で「周辺に影響があるごみ屋敷は約１００件」と回答。大阪市と京都市は各85件、静岡市は48件、練馬区は30件と、計11市区で計３９０件以上のごみ屋敷が確認されているが、苦情件数は延べ７２０件超の上、未調査の市区が多いため、実数はさらに多いとみられる。

苦情分を含め居住者の年代を回答した13市区のうち、高齢者がいるのは12市区（他1市は63歳1人のみ）だった。熊本市は「苦情4件全て高齢男性」、青森市は苦情11件12人（1件は夫婦）のうち9人が70代以上、神戸市は「60代以上が約70％」とし、岐阜市は「主に老齢で親類とも疎遠で孤立しているケースがある」とした。

認知症が疑われる人は4市区で確認されたほか、「配偶者を亡くしてショック」（石川県金沢市）、「脳梗塞《こうそく》、糖尿病、救急搬送歴があり体調が悪く片づけられない」（和歌山県和歌山市）などの人もいた。

しかし、福祉部門と環境部門などの連絡会議や、関係各方面から人材を集めた専門部署を持つ市区は17にとどまった。

「セルフネグレクト（自己放任）」を追うキャンペーン報道の記事の一部
（撮影：髙橋勝視）

居住者への支援や、自治体によるごみ処理の「代執行」などを定めた条例を持つのは12市区で、秋田県秋田市、神奈川県横浜市、東京都板橋区、練馬区は近く条例を制定する予定。自治体からは「ごみをためる根本原因への対処も必要」（東京都千代田区）、「個人情報のハードルで（相談すべき）親類が確認できない」（岐阜県岐阜市）など、対応に苦慮する意見も寄せられた。

◇ごみ屋敷の関連条例がある市区
栃木県宇都宮市、東京都足立区、荒川区、大田区、品川区、新宿区、杉並区、世田谷区、京都府京都市、大阪府大阪市、兵庫県神戸市、福岡県北九州市

◇ごみ屋敷を巡る連絡会議や専門部署がある市区
群馬県前橋市、東京都足立区、江戸川区、新宿区、杉並区、世田谷区、練馬区、神奈川県横浜市、川崎市、山梨県甲府市、静岡県静岡市、愛知県名古屋市、京都府京都市、大阪府大阪市、兵庫県神戸市、奈良県奈良市、島根県松江市

自治体関係者の苦悩の声

アンケートの自由記載の欄には、次のような意見や声がつづられていた。現場で日々当事者と接する自治体関係者の苦悩が文面から伝わってきた。

・「一人暮らしの高齢者に多く見受けられます。仮に代執行したとしても、すぐ元通りになってしまうことも危惧しています」（東京都大田区）

・「単に片づけるよう（住人に）指導するだけでなく、福祉や医療の面からのアプローチが必要です。各自治体は、法的な根拠がないことから対応に苦慮していいます。国として対応する法律の制定が必要であると考えます」（東京都豊島区）

・「保健福祉活動の中で出てきた意見の一部であることをご留意ください。ごみ屋敷だと疑われる場合においても、本人や家族が『片づけなければいけない』といった強い問題意識を持っていないケース、近隣にとっても問題とされないケース、認知症・精神障害者などのケースなど、個々でそれぞれ状況や背景が異なる中、個別のケースに応じた対応を行っていますが、根本的な解決に至ることが難しいのが現状です」（岡山県岡山市）

・「『ごみ屋敷』は単純にごみを片づければ解決する問題ではなく、長期的なケアが必要な場合が多いです。必要に応じて、関係する部署が連携して対応していく必要があります」（群馬県前橋市）

・「『ごみ屋敷』に至る背景には、以前はごみ処理ができていた方が、認知機能の低下によりごみの分別や回収日時が分からなくなることや、元々ごみの分別などができないためにごみがたまってしまうこと、ものを収集することが趣味のため、結果としてごみとなることなどがあるかと思います。一関係者のみでは解決できない場合が多いと思います」（高知県高知市）

アンケートで自治体が回答したごみ屋敷の件数（「ある」とした自治体）

東京23区	港区	12件
	大田区	8件程度
	練馬区	30件
政令指定都市	大阪市	85件
	京都市	85件
	神戸市	約100件
	北九州市	12件
	静岡市	48件
	相模原市	4件
県庁所在市	岐阜市	8件
	奈良市	1件

アンケートのとりまとめに協力してくれた自治体の部署の多くは、廃棄物対策課や環境政策課、ごみ減量課といった環境部門が多かったが、広聴広報課や住宅課が対応したところもあった。

ごみ屋敷は、外観上判別できる事例も多く、各地の自治体担当者が対応に追われていることは改めて確認できた。

しかし、中には外から見ただけでは確認できないところや、居住者が高齢だったり、何らかの疾患を抱えていたりするなど、福祉的な支援を必要としている場合も少なくない。

今回のアンケートを通して、ごみ屋敷に対する自治体の取り組みには大きな差があることが見えてきた。役所の中では多くの部門にまたがった対応が必要で、実数の把握の難しさを改めてうかがわせるものだった。

第2章
セルフネグレクトの現場から

各地で顕在化する「ごみ屋敷」や「もの部屋」「ごみ部屋」。これらは居住者がセルフネグレクトに陥った結果の一つとも考えられる。居住者本人や家族の中には途方に暮れている人もおり、自治体や不動産関係者なども対応に追われ、頭を抱えている。各地の集合住宅の中には、高齢の居住者が自分の部屋が分からなくなったり、漏水やぼやでトラブルになったりする所もある。

かつてはきちんと片づいた部屋で普通に生活をしていたはずなのに、なぜこうした状態に陥ってしまうのか。その理由を探るため、現場へ向かった。

ある県営団地の異変

——認知症で一人暮らしの70代女性（神奈川県南部）

近隣住民らが何度も通う

神奈川県南部にある市の県営団地。駅から歩いて数分の所には、飲食店やスーパーマーケット、コンビニエンスストアがある。軽い散歩の気分で大通りを歩いていくと、海が近づいてくる。ここを筆者が取材で訪れたのは2016年秋だった。

500世帯以上が入居するこのマンモス団地の自治会幹部が「異変」に気づいたのは、2013年8月のことだった。

「この部屋の臭いがひどいのですが」

近隣住民から警察にそう通報があった。

警察側から連絡を受けた管理会社の依頼で、自治会幹部らが団地の2階にある一人暮らしの70代女性の部屋に向かうと、階段を上った途端に異臭がした。

だがその部屋に住む女性は他人の入室を拒んだ。

近所の人は警察や行政にも相談したが、こうした機関の担当者は「本人や家族の同意がなければ手を出せません」の一点張りだった。女性の保証人は既に死亡しており、連絡が取れなくなっていた。自治会幹部と管理会社の担当者は、その後、女性宅に10回以上足を運んで「困りごとはありませんか」と玄関先で声をかけ続けた。

電話をかけても、本人が途中で切ってしまうこともあった。それでも女性を心配した担当者らは何度も足を運び、徐々に心を開き始めた女性の同意を得て、8カ月後の2014年4月にようやく2DKの部屋に入った。

部屋を見てみると、玄関付近に消臭剤が3〜4個、靴箱の上にはチラシや封書が無造作に置かれ、すぐ奥にはペットボトルを入れた大きな袋、コンビニ弁当やカップ麺の空き容器などが入ったいくつものレジ袋が高さ1メートルほど積み重なり、部屋は足の踏み場もなかった。

台所も風呂もトイレも使えないため、女性は手提げ袋を手に出かけ、食事やトイレは近くのスーパーやコンビニで済ませていたという。

「朝起きると出かけ、コンビニに行って帰ってきて、部屋で過ごしてから昼になるとまた出かける、という生活のようでした」

近所の人はこう振り返った。

ふびんに思い、「体を悪くするよ」と声をかけると、女性は何度も「私は元々、こんな人間じゃなかった。こんなだらしない生活をする人間じゃなかった」と訴えた。また「私は元気でどこも悪くない。病院なんか行ってないわ」とも話した。

女性の夫には貯蓄もあり、生活が困窮していたわけではない。部屋にものやごみが増え始めたきっかけは、十数年前に郵便局勤めだった夫をがんで亡くしたことだったという。女性には子どもはおらず、1人になって身の回りのことをやる気力を失った。しばらくして「今日は片づけよう」と思っても、「やっぱりいいや」と気持ちがなえ、年月が積み重なったようだ。

一方で女性は、同じ話を繰り返すなど認知症の疑いもあった。

「ともかく近親者を探しましょう」

管理会社の担当者が部屋の中を探してみると、千葉県に住む親族から届いた2年前の年賀状が見つかった。

連絡を受けて親族（40代男性）は、初めて状況を知った。「本人の生活を第一に考えてほしいのです」と施設への入居を求めたが、女性はこの県営住宅での暮らしを続けることを希望した。

市の担当者は、女性の状態を把握しながらも「本人の意思を尊重して様子を見たほうがいいと思います」と口にした。

これに対し、自治会幹部らは「本人にとって今の状態は危険。健康や生活が損なわれているのに、形ばかりの対応では事は前に進まないですよ」と担当者に声を荒らげたという。結局、女性は認知症で要介護2の認定を受け、2014年秋に近くの高齢者施設に移った。入所の手続きには親族も協力した。住んでいた部屋は引き払い、今は別の人が住んでいる。

近所の人が当時、行政に相談しても担当者は「本人の意思を尊重したほうが良いのではないでしょうか」「しばらく様子を見てはどうですか」という言い方に終始したという。

自治会幹部はこうした対応に憤った。

「(この女性が)迷惑だから出て行け、というわけではないのです。私たちもつきっきりで24時間365日は携われないのだから、何かあったらどうしろというのですか?女性は身寄りもなくて1人なんですよ。本人が住み慣れた場所にいたいのは分かるのですが、女性にとってああいう状態で生活を続けることに何のメリットがあるというのでしょう」

幹部の深刻な訴えはさらに続いた。

「いつ健康を害して孤独死するかも分からない状態なのです。こっちは現場に近い所にいるのです。住人が本当に健康な暮らしをしているのかどうか、行政はきちんと見て対策を示して欲しいのです」

「同様の部屋　団地にあと数軒」

今回話を聞いた自治会の幹部によると、女性と同様の部屋は団地内にあと数軒あるという。この団地には75歳以上の高齢者が２００人以上暮らしている。共用部分には常にヘルパーの介護車両が停まっている状態だ。入居して2年ほどで亡くなってしまう人もいるという。

「玄関のドアを開けた瞬間、（その荒れた様子を見て思わず）ドアを閉めたくなるようなひどい状態の部屋もあります。この団地も高齢化が進んでおり、こうした事例は今後増えていくのではないかと心配なのです」と、自治会幹部は話す。

さらに、「ある日突然連絡がつかなくなって、気づいた時には部屋で亡くなっていた、ということが一番悲しい。これだけは何とかして避けたいのです」と語り、「今は女性が施設でにこやかに暮らしているのでほっとしています」と振り返った。

親族は取材に対し、次のように語った。

「しばらく本人とは連絡を取っていませんでしたが、（親族の女性が）こんな状態になっていたとは知らず、ショックでした。深刻な状態に置かれていることを、近隣住民から突然知らされる親族は、自分のほかにも世間にはきっとかなりいるのではないでしょうか。もし周りで声をかけてくれる人がいなければ、本人はそのままの状態で放っておかれていたのかもしれません」

その後、施設に入った女性を訪ねると「（ここは）食事はすごくいい。友達もできたし、退屈しないわ」と話し、穏やかな表情を見せた。

近所の住人からは、女性への同情の声も聞こえてくる。

「（女性は）子どももおらず、大切な身内が亡くなって、気持ちが弱くなっちゃったんでしょう。1人で残されては生きていく張り合いもないですし。1人になって時間が経つと、人と話す機会が減っていってしまう。ずっと家の中でぽつんとしていて、次第に体のあちこちが弱って、痛くなってきます。気力を失って、『今日はもう外に出たくない。1人だし、誰からも何も言われないし、もうどうでもいいや』となっていくのかもしれません」

この県営団地がある自治体には、自宅や自室にごみをため込む「ごみ屋敷」や「ごみ部屋」に対応する条例がなかった。女性の現状が判明し、住民や管理会社、行政、福祉関係者が対応に奔走したが、施設に移るという対応が取られるまでには1年以上の歳月を要した。

突然の母の死、娘に残された部屋

――一人暮らしをしていた60代女性（神奈川県横浜市）

倒れた母に犬が寄り添い……

「母の部屋はごみ屋敷状態で、途方に暮れています」

インターネットで毎日新聞の報道を知り、筆者にこうメールを寄せた女性がいた。横浜市内の駅構内にある喫茶店でその女性と会うことになった。長い髪を1つに束ね、こざっぱりした身なりに、はきはきした声。ウーロン茶を手に、3歳の息子の子育てに追われているという30代の女性が身の上を話し始めた。

「実家の玄関のドアを開けたらものでいっぱいでした。どこから中に入ればいいかも分かりませんでした」

2016年12月、横浜市内の集合住宅の5階。女性が玄関のドアを開くと、奥の居間の真ん中で60代の母親が倒れていたという。母親は既に亡くなっていた。見つけた時、大好きだったペットの犬がずっと母親に寄り添っていた。

部屋には空き箱やビニール袋などが数十センチも積まれ、中は歩けないほどだった。洗面所やトイレも長い間掃除されていないようだった。

女性の両親は不仲が続き、父親は女性が幼いころに家を出てしまい、以来母親と二人暮らし、いわゆる母子家庭だった。母親はガス関連の会社で事務の仕事をしながら一人娘を育ててきたという。

セルフネグレクト状態となっていた60代の女性が
1人で横たわり亡くなっていた部屋
横浜市内／2017年3月（撮影：著者）

女性は小学生のころからこの集合住宅で暮らし、近くの学校に通った。奨学金を得て高校を卒業。東京都西部の飲食店でアルバイトをしていた時に今の夫と知り合い、数年前に結婚。息子にも恵まれた。

結婚を機に実家を離れてからは、母親は集合住宅に残って一人暮らしをしていた。娘と母は月1度の割合で、外で会うようになった。

「頑張って片づける」と言ったのに……

女性が実家の異変に気づいたのは、母親が亡くなる1年ほど前のことだ。

この時、家の中をのぞいてみると、ものが無造作にたまり始め、足の踏み場もない。一緒に住んでいたころは片づいていたが、彼女が結婚して家を出た後、1人になった母親はうまくものが捨てられなくなったようだった。女性が結婚前に住んでいた部屋も、段ボールで埋め尽くされるようになっていた。

「犬がものにつまずいたら大変だから、せめて通り道くらいは作ったほうがいいよ」

女性がそう言うと、母親は日々の仕事で忙しそうにしながらも「頑張って片づけるから」と語っていた。仕事から帰る時、駅の近くで惣菜などを買い、家で晩酌してから寝るのが習慣だったようだ。

一人暮らしになった後に、母親の体はむくみ出した。高血圧と診断され、その後胃潰瘍を発症した。

病状は深刻だったが、亡くなる2日前も普段通り出勤していた。しかし母親は無理をしていたようだ。5階にある部屋まで階段で上り下りするのは、体力的に苦しいものだった。

「亡くなった母にとって私と息子は、心の支えだったのかもしれません。『孫がかわいい』とよく言っていました」

女性は涙ぐんだ。

自分が家を出て行ったことで、母親は寂しさを募らせるようになり、そばで気にかけてくれる人がいなくなったため、次第に生活のリズムを乱したのかもしれない。

母親の死後、部屋に残された大量のごみやものを前に、女性は途方に暮れた。

死亡届の提出などの手続きや、預金の解約も必要だったが、ものに埋もれてしまって印鑑の場所が分からない。さらに、母親の勤務先に制服を返却しなければならなかったが、それらを部屋から探し出すのは容易ではなかった。積まれたものの中から100円玉や500円玉が次々に出てきた。

女性は子育ての傍ら、整理のため週末ごとに1人で母親の部屋に通い続けた。その回数は約2カ月で20回近くにもなった。

母親は既に定年退職しており、亡くなった時には嘱託社員として勤務していた。部屋には定年の記念に買った高価な掃除機もあったのに新品のまましまってあった。

女性は通うたびに少しずつものを仕分けて捨ててきたが、あまりの量の多さに、1人ですべて片づけるのには限界を感じたという。

「母が亡くなって、やらなければならないことが山ほどあったのに、同じような経験をした人を探すあてもなく、誰に相談していいのか分かりませんでした」と女性は振り返る。

何カ月ものの間、実家のものの整理がつかず、女性はしばらく情緒不安定な時期もあった。しかし、こうした部屋を専門に片づける業者を見つけ、費用はかかったが、貯金を切り崩して片づけることができた。

20年近く過ごし、最後は母親のものであふれてしまったかつての自分の部屋から、大切な記念写真なども見つけることができた。

女性の手には指輪が光っていた。母親が残したものだった。

「形見なのでつけておこうと思うんです」

苦労を抱えながらも、長年1人で娘を育て上げた。その母親の存在をずっと忘れたくないようだった。

夫と娘を亡くし、家にものがあふれ
――高級住宅地に家を持つ80代女性（東京23区南部）

高級住宅地の一角のごみ屋敷

東京都南部の高級住宅地。ここは政治家や企業経営者、文化人が居を構える地域として知られている。

この一帯は、高い塀で囲われた豪邸がずらりと並ぶ。駅に近い公園では、地元の小学生がサッカーをしていた。公園脇の電柱には、売りに出された住宅の広告が出ている。その価格は1億円に迫るものだった。

そうした一角に、大量にものやごみが積み重なった2階建ての一軒家が見えた。筆者はこの家のことが気になり、2016年夏から通い続けた。近所の人から、家の所有者は80代の女性で、一人暮らしだと耳にしたからだ。

女性宅の門や玄関、庭先には、植木鉢やプランター、プラスチックの収納ケース、発泡スチロールや段ボールの箱などが無造作に2メートル近くも積み上げられていた。ドアの前にもものがあふれ、中には入れない状態になっていた。

2階の部屋も、段ボールがうず高く積み上げられていることが外から見て分かる。

近所の人に尋ねてみると、こんな答えが返ってきた。

「この家のおばあさん？　たまにこの辺を歩いている姿を見るけどな」

「車を押して元気に1人で歩いているのを見かけますけど」

玄関前に鉢植えや収納ケースなどが山積みにされた80代の女性宅
東京23区南部／2016年12月（撮影：筆者）

「片づけるように何度か頼んでみたけど、おばあさんはまともに聞いているのかどうかよく分かんないな」

中には、「大変迷惑している」「ここは静かできれいな場所なのに、恥ずかしい」「あの人は何度言っても聞かないんだ」と語る人もいた。

女性の話を聞こうと家の前で待ってみたが、人が出入りしているような様子はない。電話番号も分からず、連絡を取る術もない。

取材を進めると、女性はこの家にはおらず、近くにアパートを借りて住んでおり、自宅との間を時々行き来していることが分かった。

昼時にそのアパートに行ってみると、女性はそこで静かに暮らしていた。

「ご自宅は、何か事情があるのですか」

筆者が問いかけると、女性は少しずつ身の上を語り始めた。

昼間になると手押し車を押し、近くのスーパーで買い物をしているという。また時々外出し、ものが積み上げられた自宅の様子を見に来ていた。時々背中が痛み、服用する薬の副作用に悩まされているというが、歩けないほどではない。記憶はしっかりしていた。

「夫は、法律関係の仕事をしていました」

若いころ女学校で学び、やがて法曹関係の仕事をしていた男性と結婚。夫の勤務先はメディアでもよく取り上げられる有名な公共機関で、要職を務めていた。しかし、その夫はがんのため四十数年前に他界。女性が40代の時だった。夫が亡くなった後、女性は印刷会社の寮で70歳まで働いた。バブルの時代に株の運用がうまくいき、この地域に一軒家を建てることができたのだという。

しかし一人娘は小学校に上がって以降、原因不明の病気で足が不自由になり、10年余り前に50代で亡くなった。

「私は、その家を娘のために残そうと思っていました。娘を失った後はショックが大き過ぎて、いろいろやりたいな、と思っていたことも次第に手がつかなくなったのです。片づけたいと思ってきたけれど、年を重ねて体力が衰えてきて、片づけ作業も前に進めなかったの」

女性はこう話した。

娘の死後、女性は一人暮らしになり、家の中は徐々にものがたまり始めた。一軒家の2階の部屋には段ボール箱が積まれているが、そこには夫の遺品である仕事の資料が入っているという。

ものがあふれて家に住みにくくなったため、女性は近くにアパートを借りたが、引っ越しの際に所持品の一部がなくなったり、自宅の家の軒先には外から布団やぬいぐるみが投げ込まれたりして、ますます頭が混乱し、手がつかなくなってしまったという。

体調が良い時にはアパートから自宅に通い、少しずつ整理をしたものの、片づくまでには至らなかった。

区役所の関係部署、連携に課題

女性は80歳を過ぎ、部屋でラジオを聴いたり読書をしたりしながら生活してきた。携帯電話は持っているが、うまく使えないという。

「家のものを仕分けて片づけようとしたけど、体力的にもう大変。でも夫の残した記録だけは何とか整理したいのです。私だって一刻も早くあの自宅に戻りたいですよ」

と語り、「自宅のあたりに住む人の中には悪い人がいるのよ」と不満を口にした。

女性は、居住地の地域包括支援センターの担当者とは定期的に連絡を取っているという。女性は「相談に乗ってもらい感謝していますよ」と言いつつ、「（片づけ）業者を紹介してほしい、と言ったら『できない』と言われたんです」と筆者に訴えた。

ごみ処理を担当する区役所の環境部門によると、近所からの連絡で女性宅の状況を把握して本人との接触をし、現状を改善しようと試みたが、女性は不在のことが多く、なかなか会うことができなかった。同じ区役所の別部署である福祉部門では女性の状態を既に把握していたが、異なる部署間の情報共有は十分にされなかったようだ。

役所内の情報交換や連携に問題があったのでは、との筆者の指摘に対し、区の高齢者福祉部門の担当者は「個人情報に関わることなのでコメントは差し控えたい。指摘については真摯《しんし》に受け止めたい」と答えた。一方で環境部門の担当課は「内部での連携を強化する必要がある」と話した。

女性には高級住宅地の立派な一軒家があり、近くのアパートの部屋を借りられるだけの金銭的な余裕もある。しかし家族との思い出に強いこだわりがあって、そこを手放すことは考えていないようだった。

女性は、「私はこれまでに戦争とか、いろんなつらい経験をしてきたの。元から勝ち気な性格で、1人で他人に頼らずに頑張ってきたの」と繰り返した。

一人暮らしになり、近所づきあいもうまくいかず、ものが大量に詰め込まれているこの家をこの先どうしていくのか。地元の自治体はその後も相談に応じてはいるものの、なかなか解決できない状態が長年続いてきた。自治体も頭を悩ませていた。

この区では、生活の中で生じたごみなどの廃棄物を長時間堆積したり、環境上不良状態にしたりすることを禁止する条例を定めている。条例では、職員は家主に対し、調査や質問ができる権限を持つとされているが、実際には当事者や親族などの関係者の特定や、その後の交渉が難航し、解決に至らぬ事例を複数抱えていた。条例はあるのに、それを行使できない状態が続いていた。

この区のある職員はこう語った。

「こうした家に住む人をどう説得し、解決していけばいいのか。対応は自治体の条例によっても違う。国は現場任せにしているが、ここだけでなく他の自治体だって同じように悩んでいるんだ。本来なら国が法律を作るなりしてきちんと取り組むべき問題だ」

普段住民と向き合う区役所の担当者からは、「何とかしなければ」という思いが伝わってきた。だが国の行政や国会には具体的な対策を講じる動きは見られないままだ。

元公務員の住宅も
――「こだわり」が衰えない80代男性（東京23区東部）

家族の求めを聞き入れず

住宅地の交差点に面した2階建ての戸建て住宅の門の近くには、段ボールや板きれが無造作に放置され、手入れがされていない植木がうっそうと生い茂っていた。

ここは東京の下町。最寄り駅から徒歩10分ほどの住宅地の一角だ。昼間に筆者が足を運び、「すみません。誰かいらっしゃいますか」と玄関ドアの前で声をかけてみたが応答はない。

ここに住んでいるのは高齢の男性だ。近所の人の話によると、長年中学校で教師を務め、現在は一人暮らしだという。男性の妻は、「家の中にものがたくさんあって困っている。荷物を出そうとしても出せない」と話していたといい、現在は一緒に住んでいないようだった。

ものは敷地内に納められているため、道路にはみだして近所とトラブルになっている様子はない。男性は時折散歩に出かけているようだが、近所の人は心配しているようだ。ある人は「会話をしようと試みても、男性はなかなか聞き入れる様子がないので、最近では回覧板も持って行っていない」という。片づけるよう声をかけても、本人から「家のものはごみじゃないぞ」と言い返されて、なかなか話がその先に進まないのだという。

この家の前を通り過ぎる人たちは、「あの家大丈夫?」などと小声で会話をしている。男性の健康状態や、火事などの心配はないのだろうか。隣家の住民に話を聞こうとすると、インターホン越しに「お話できることは何もありません」と素っ気ない返事が返ってきた。

この家に通い始めて3度目になる２０１６年10月の夕方、玄関ドアの前に座っている男性を見かけた。「ちょっといいですか」と声をかけ、現在の暮らしについて尋ねてみると、大声でこうまくし立てた。

「俺は全然困ってない。こっちが人のために施したいくらいだ。体は元気で毎日３万歩ずつ歩いているんだ」

普段家の中ではラジオを聴いて生活しているという。

男性は「これから散歩に出かける」という。一緒に歩きながら話を聞いた。しばらく進んで、公園の入り口のベンチに腰かけると、男性は自分のことを語り始めた。大声で、昔の思い出話を何度も繰り返した。

男性は86歳。中部地方の名門校の出身で、その先輩のつてを頼りに上京した。都内の何校かの公立中学校に赴任した。名門大学を卒業して就職した息子とはあまり行き来がないという。手先が器用で、いろいろなものを作るのが得意だということを矢継ぎ早に語った。

なぜあんなに家にものがたまってしまったのか。

そのわけを尋ねると、「新聞をスクラップしていて、それが積み重なってしまった」と男性は言う。1990年代に起きたオウム真理教事件のことが気になり、それをきっかけに関連する記事を少しずつため始めた。

やってみるとこだわりが強くなり、捨てられなくなった。その習慣が20年以上続いているのだという。

「家内が『この状態では家に住めない』と言い始めたので、年が明けたら整理しようと思っている。でもスクラップはやりがいがあるから、踏ん切りがなかなかつかないんだ」と語った。

定年退職してからは、近所の人たちとは疎遠になったようだ。

「顔を合わせればあいさつをする程度。それ以上はつきあわない。地元の町内会で集まる機会が減った。新しく来た人とは全然話もしない」

生活するうえで、不便を感じることはないのだろうか。

「自分で料理して食べている。生活費は心配がない。あんなぼろ家でも気にならない。携帯電話？　持ってないな。もう働いてないし、必要ないしな」

「来年は1年くらいかけて整理しようと思っている」と男性は言う。だが、ものが増え続けていることに対する危機感はうかがえなかった。

「こういう家、珍しくありません」

居住地の区役所で、この男性の家の事情について聞いてみた。

区はこの一軒家の現状については把握していた。困り果てた家族が実は行政側に相談していたのだ。しかし男性は家族の声も聞き入れなかった。実は男性には認知症の疑いがあるという。

本人は、自分は経済的に心配がない、と話しているが、担当者は「かつてお金を持っていた記憶があると、そういうイメージをその後もずっと引きずり、願望と現実を勘違いする場合があり得ます」という。

さらに担当者は、「本人は普通に生活できていると思っていますし、近所からまだ苦情は来ていません。こうした方を把握して、できることは見守りくらいですね。ただ認知症の症状が出ている方の場合、怖いのは火災です」と語る。

こうも付け加えた。

「連絡があって職員が区内の高齢者の家に行ってみると、家の中がごみ屋敷のような状態という所は相当あります。区内でそういう家は珍しくありませんし、増えてきています。高齢化が進み、区が地域住民とのつながりを維持するのはなかなか簡単ではありません。教師や警察官といった公務員など、昔はしっかり仕事をしていたと思われる人でも、認知症などになれば誰でもこうした状態になってしまう可能性があるのです」

最後にこうも付け加えた。「この家について、わざわざ問い合わせてくるメディアなんてどこもありませんよ。こうした場所は区内にあまりにも多いので、そもそもニュースにもなりにくいでしょうね」と、あきらめ顔で語った。

区議会議員の実家も

ここで取材した男性は元教師だが、東京都心の現場を取材していたところ、敷地内がものであふれる家を見かけ、そこが区議会議員の実家だったこともある。

議員本人に事情を尋ねると、こんな答えが返ってきた。

「父母ともに高齢で80歳を超えているんです。80歳を超えたら何があってもおかしくありません。家族の介助が必要なんです」

「私も仕事が忙しくてものを片づける余裕もないのです。日々の生活で大変なんですよ。日々やることに追われていると、実家のものを片づけたり、捨てたりするのは後回しになってしまうのです」とため息をついた。

実は普段私たちの身近にいる人が、こうした問題で深い悩みを抱えているのかもしれない。議員の話を耳にしながら、そんな思いがわいてきた。

「本当は助けてほしかった」同居の父親が支援を拒む
――30年以上ごみ屋敷に住んでいた30代女性（埼玉県東部）

自宅の異様な状態に気づかず

生活困窮や病気などをきっかけにセルフネグレクトに陥ってしまう事例の中には、当事者と同居している家族の心にも深い傷を残す。

２０１７年2月、埼玉県東部に住む30代後半の女性を取材した。

女性は数年前に実家を出て、実家から徒歩で数分の距離にあるアパートで一人暮らしをしてきたという。近くのスーパーで働き、生計を立ててきた。

女性によると、父親はリサイクル関係の仕事に携わっていたが、腸閉塞やがんを患い、それ以来ものを片づけることができなくなった。一方、母親は心の病を抱えていたため、家事を満足にこなせなかった。父は家事が苦手で、食事は近くのコンビニエ

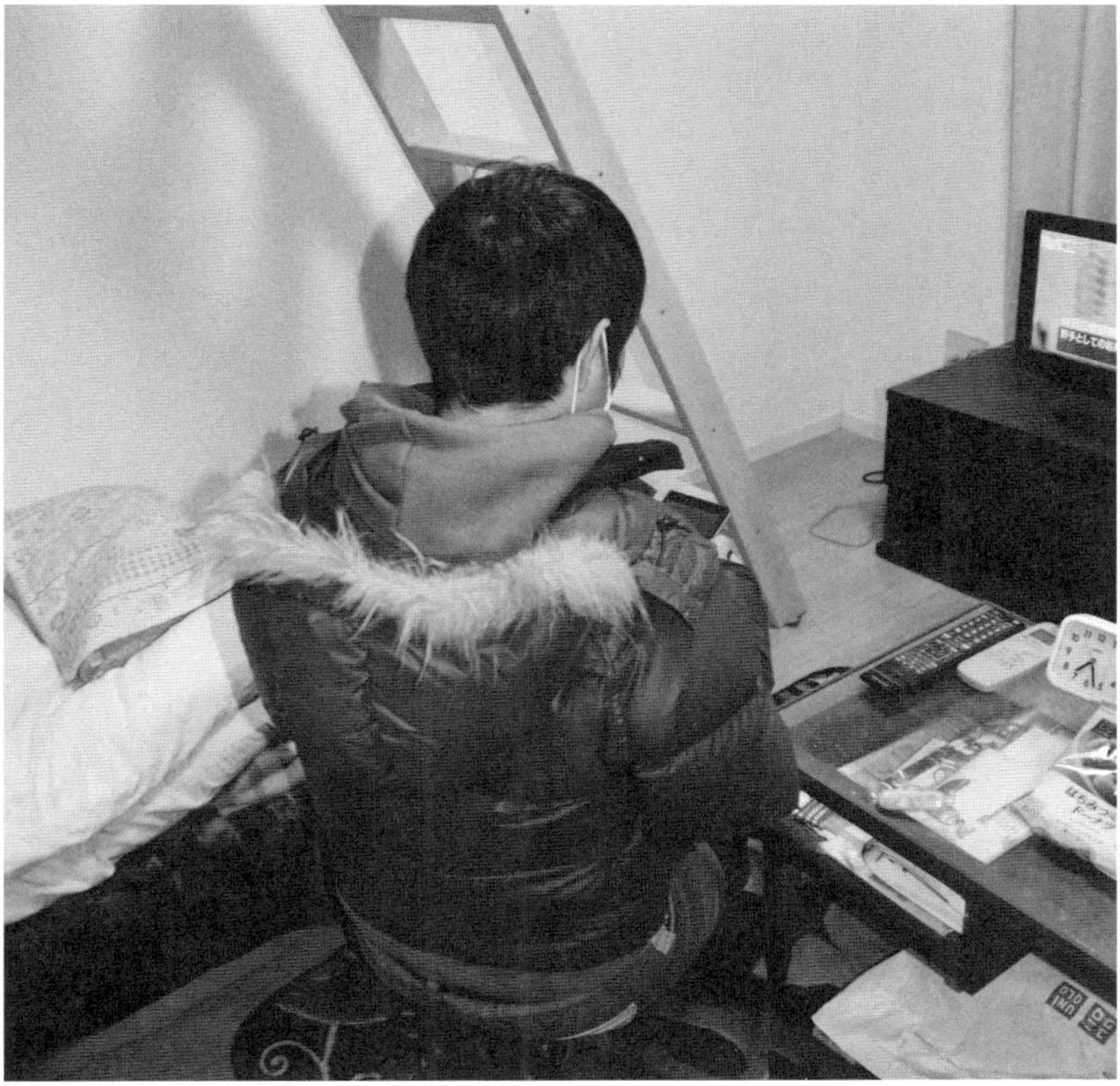

30年以上ごみ屋敷に住んでいた経験を振り返る女性
埼玉県東部／2017年2月(撮影:筆者)

ンスストアなどで買ったもので済ませることが多かった。

女性は30歳を過ぎるまで、ごみやものがあふれる一軒家に家族とともに住み続けた。父親は外部からの支援を拒んだ。実は父親は借金を抱え、税金も滞納していたのだ。それが原因で、自分には支援を申し出る資格がないと一方的に思い込んでいたようだ。父親が病気で仕事を辞めてからは、生活はますます苦しくなっていった。

女性は取材に対し、「今思えば普通の生活ができていなかった。本当はあの環境から少しでも早く抜け出したかったし、助けてほしかった」と振り返る。

家の中は、壊れた家電やカセットテープなどであふれていた。女性が「片づけてほしい」と頼んでも、父親は「そのままにしておけ。後で片づけるから」と言って激しく怒り出す。こうしたやりとりが何年も繰り返された。

女性は当時、自分のこうした生活が当たり前だと思っていたため、同級生の家に遊びに行くと、その部屋が清潔なことに驚いた。そこで初めて、自宅が片づいていないことを知り、恥ずかしさで友人を家に呼ぶことができなかった。

隣に住んでいた祖母の支援のために出入りしていたケアマネジャーが偶然女性と知

り合い、実状を把握するようになったことで、一家の生活も変化していった。ケアマネジャーが父親を直接説得し、女性は一人暮らしを始めることができた。

父と母は数年前に相次いで亡くなった。

取材で訪れた時、女性が暮らすアパートの部屋にはテレビとわずかの衣類などが置いてあるだけだった。就職して一人暮らしを始め、ものが少ない部屋で暮らす快適さを知った。

最近になって、ようやく自分の過去の生活を冷静に振り返り、語ることができるようになったという。

「幼いころから私の実家は暗い家でした。今思えば父はまともな生活ができていなかったし、私もその異常さに気づかぬまま、生活し続けていました」

女性は長年感じてきたつらさを、振り絞るように語った。

これまで取材してきたいずれの事例も、こうした状態に至るのは、自身や家族の病、さらに身内の死などがきっかけになったようだ。

だがこれも、実は氷山の一角に過ぎない。その後取材を続けるうちに、さらにさまざまなケースを知ることになった。

第3章
行政の模索

ごみ屋敷対策条例
――東京都足立区の歩み

震災などをきっかけに対策に乗り出す

毎日新聞が2016年に集計したアンケートでも、ごみ屋敷の状態に至る背景はさまざまだった。さらに、役所の中では一つの部署だけで解決するのは容易ではなく、対応に頭を悩ませていることも見えてきた。

自治体の多くは、現状を把握しているものの、なかなか効果的な対策を講じられず、解決に長い時間がかかっていた。

そんな中、東京都足立区は区内に点在するごみ屋敷問題を解決するため、独自の試みを続けてきた。その柱となるのが2013年1月1日に施行された「生活環境の保全に関する条例」だ。

条例では、ごみ屋敷と認定されれば区が住人に指導や勧告をし、改善されなければ弁護士や自治会役員、学識経験者らでつくる審議会の意見を聞いたうえで解消措置を命令できる。ごみの強制撤去も規定するが、あくまでも居住者支援を中心に位置づけており、２０１７年12月末までに１４０件以上を解決した。

足立区内を歩いてみると、他の区と同様、ごみがたまった状態の家屋や部屋を見かけることがある。筆者が区内の下町の住宅が密集した路地を歩いた時のことだ。ものがあふれた家から大音量のラジオの音が聞こえてきた。

ここは80代女性の一人暮らしで、夫は数年前に亡くなり、息子がたまに顔を見に来る程度だという。「たばこなどで火でもついたら近所に延焼しちまうよ」。近所の男性は不安そうに話す。この家の状況も区は把握しており、時折、担当者が様子を見に足を運んでいるという。

区が条例制定に至るまでには、「縦割り」や「たらい回し」といった課題がなかったわけではない。足立区は複数の事例の教訓を踏まえ、条例制定に動き出していた。

まず一つは、２０１１年の東日本大震災がきっかけだった。

区内のある2階建ての一軒家は、地震で大きな揺れが起きた後に崩れ、ものやごみが大量に路上に投げ出された。ガラスも割れてしまった。外から見れば普通の木造住宅だったが、自宅がものであふれていたことがその時に初めて分かった。

ここには女性の高齢者が1人で住んでいたが、階段も崩れてしまい、2階に上がれなくなってしまった。区の職員が警察に女性の所在を確認してもらったところ、女性は幸いにして不在だった。

ところが、その後も女性の所在が分からない状態が続き、区の職員らが探したところ、女性は普段、台東区内の墓地で清掃の仕事をしていることが分かった。台東区は墓地や寺が多く、1カ所ずつ問い合わせていった。

何カ所かに問い合わせた結果、ようやく女性が見つかった。しかし女性には認知症の兆候があり、区の地域包括支援センターが介護保険や生活保護の手続きを代行し、家屋は解体された。

職員が協力してごみ屋敷問題を解決する形となり、この過程が条例作成の参考事例となった。

東京都足立区の「ごみ屋敷対策」の進め方（イメージ図）

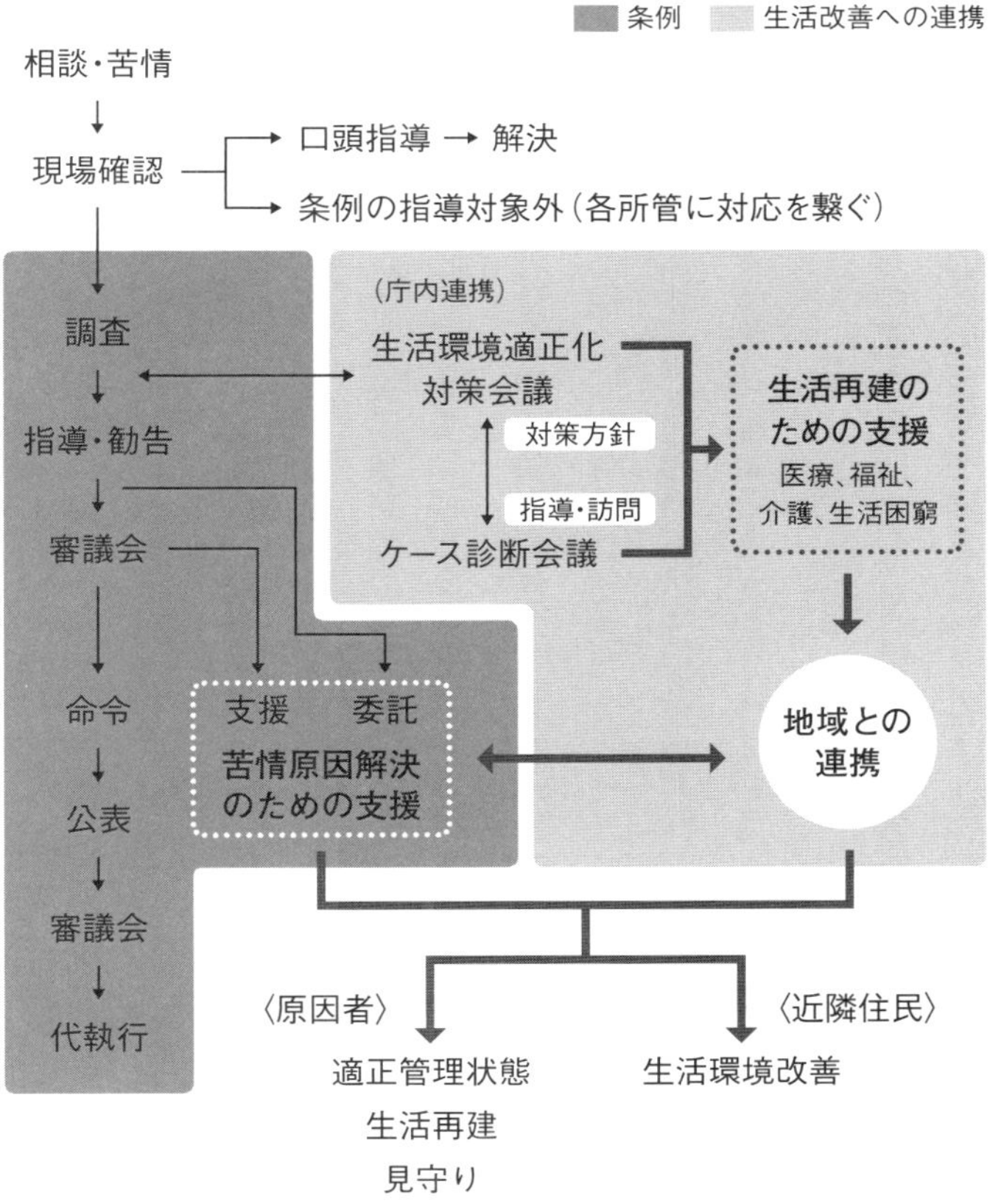

縦割り行政の落とし穴

また別のある家では、解決に約20年もかかったという。

この家は2階に届くほどの大量のものが部屋中に積み上がっていた。家主は当時50代の男性だ。１９９０年代から近隣住民の苦情を受け、区の道路管理課が撤去しても、やがてまた元の状態に戻るということを繰り返していた。

２０１６年の秋、筆者がこの現場を訪ねてみると、既に更地になっていた。

区の幹部は当時をこう振り返る。

「長年解決できなかったのは行政全体の責任でもあります。担当部署の領域を乗り越えて、当事者の生活面から改善しなければ解決できませんでした。役所は縦割りなので、よそ（他部署）と連携することはほとんどありません。つまり、道路のごみをどければそれで終わりでした。家の中にごみがたまっているのは分かっていても手を出せなかったのです」

担当課は当時、戸籍などの調査権限がなく、男性の家族構成も把握していなかったが、２００８年ごろから同居の長女と顔を合わせるようになり、話すようになった。

話をじっくり聞いてみると、この家も複雑な事情を抱えていることが分かった。男性の長女によると、男性は妻と両親とともに元々、家で豆腐店を営んでいた。やがて両親は他界し、妻は脳梗塞《のうこうそく》で施設に入所。店を閉め、長女が仕事に出て家計を支えた。男性は生活費の足しにと空き缶集めを始めるようになり、それがきっかけでいろいろなものをため込むようになったという。

男性には暴力的な言動も見られ、長女は家の中にたまっていたごみのことも含めて以前から警察に相談していた。だが、まだＤＶ（家庭内暴力）の概念が広く浸透していなかった時期で、所管もないとして、警察が親身に相談に乗ってくれることはなかったという。

区の対応も当初、他の自治体と大差はなかった。

ごみ処理は本来、環境部の担当だが、道路にごみが出ていれば土木部の道路管理課、ネズミや害虫が出れば衛生部がそれぞれ対応してきた。各部署が別々に家主に注意することになる。こうした現状に対し「誰が本気で対応するか分からない。所管を決めないまま分担すると責任逃れになってしまいます。結局、苦情を受けた言い出しっぺの部署がやるしかありませんでした」（道路管理課関係者）。

必要なのは「おせっかい」

事態が大きく動き始めたのは２００７年のことだ。

新たに就任した近藤弥生区長は「おせっかい行政」を掲げ、その方針の下で道路管理課は一歩踏み込んで長女を説得した。長女から生活の悩みを聞き出し、２０１０年の夏、家の中のごみをようやく撤去した。

しかし男性の収集癖はやまず、２年後には再び足の踏み場もなくなった。

「ただ片づけても根本的な解決にならないことを、この時に学びました」（同）

男性は他人を大声で怒鳴るなど、何らかの心の病が疑われた。従来なら病院などにつなぐのは道路管理課の業務外だった。

同課関係者は、「内部では『あっちでやればいい』とか、当時はいろいろありました。『たらい回し』と言われてもできないものはできない、と断るのがそれまでの役所でした」と振り返る。

それでも近藤区長が掲げる「おせっかい行政」の方針に基づき、衛生部の保健師を介して医師に往診してもらうと、70代となった男性の症状は重く、介護保険の申請をして施設に入ることになった。２０１２年9月にごみは撤去され、店舗が入っていた家屋は解体された。

この経験が条例につながった。その後、所管課を環境部に定めて総合受付とし、福祉部門も含めて他部署と連携しながら、身内を把握するための戸籍の閲覧や家屋立ち入りの調査権も持たせた。

所管課の祖傳《そでん》和美・生活環境保全課長はこう振り返る。

「それぞれの事例で出会った方々は、貧困や病、さまざまな障害、セルフネグレクト、家族との確執や、地域での孤立などの複合的な問題を抱えていました。自宅がごみでいっぱいになり、住めなくなって車で生活をしている方や、生活費がなくなり、水道や電気を止められてしまっていた一家にも出会いました。このような課題を根本的に解決していかなければ、ごみ屋敷の問題は決して解消しないことが分かり、条例に『支援』を盛り込むことになったのです」

ごみ屋敷を巡る条例制定のきっかけとなった家屋の前の路上には当時、
2階に届くほどさまざまなものが積み上げられていた
東京都足立区／2006年4月（区提供）

また祖傳課長は「必要なのは支援です。おせっかいを焼き、時には本人とけんかをしながらも話し合って状況をよく調べ、同意を得て解決するしかないのです」と語る。

かかわった事例の蓄積・分析も

足立区では、これまでに把握した事例について、専門家の岸恵美子・東邦大学教授や下園美保子・愛知県立大学講師らの協力を得ながら詳細に分析し、対策に生かす試みも始めた。

千葉県松戸市で2017年7月に開かれた日本高齢者虐待防止学会で報告された概要によると、2012年1月~2016年に足立区の主管部署でセルフネグレクト（疑い含む）と判断されたのは126事例あった。

内訳は次の通りだ。

〈性別〉
男性93人（73・8%）

女性33人（26・2％）

※約1割に認知機能の低下が見られ、当事者のうち74人が65歳以上だった。

〈住居〉

戸建て　83人（65・9％）

集合住宅　25人（19・8％）

〈ごみが堆積された場所〉

屋内66件（57・9％）

屋外（敷地内）42件（36・8％）

敷地外21件（18・4％）だった。

※ごみの堆積のあった事例は全体の9割に上った。

〈解決に要した期間〉

「３カ月未満」26件（41・９％）
「３カ月以上１年未満」19件（30・６％）
「１年以上」17件（27・４％）

この数字を見ると、条例が施行されても課題の解決には依然として時間がかかり、約半数が解決に至っていない。問題の複雑さが改めて示された。

解決に向けた取り組みとして、有効だったと報告された項目は次のページの内容だ。足立区の取り組みは、ごみ屋敷を数多く解決に導いた先進事例として、各地から取材や視察が相次いでいる。区の取り組みを参考に、他の自治体でも条例整備を進める動きが少しずつ広がっている。

有効だったと報告された取り組み

ライフラインの確認
健康状態や日常生活の情報を得る
堆積物から病気や障害を推測する
敷地内の樹木や玄関先の放置物、 虫の発生、臭いなどを確認する
近隣から本人の様子を聞く
訪問時間を変えて様子を把握する
信頼関係を築くために定期的に訪問する
キーパーソンとなる人物を探す
家族・親族に支援への協力を依頼する
近隣住民との関係を把握する

自治体の条例制定相次ぐ

数々の困難事例を抱え、代執行も／京都府京都市

ごみ屋敷の対策は、特に都市部で深刻になってきている。京都市や横浜市、名古屋市などの政令指定都市はこの対策を模索する。

京都市は2014年、「不良な生活環境を解消するための支援及び措置に関する条例」を施行した。2016年度末までで、185世帯のうち130世帯（約70％）を解決したという。その一方で、「訪問や接触、必要な対応はしてきたが、取り組みが進展しない困難事例もある」という。

市は2015年、条例に基づき、右京区の50代男性宅に対し行政代執行によるごみの強制撤去をした。こうした代執行は全国で初めてだった。

報道によると、男性は自宅前の私道上に、高さ約2メートルにわたって雑誌などを積み上げており、車いすの近隣住民らの通行の支障になり、災害発生時に近くの住民に危険が及ぶ恐れがあった。

2009年から市は男性に指導し、2012年に道路法に基づき市道のごみを撤去。しかし私道上やベランダは権限がないため撤去できなかった。市は条例で、私有地でも代執行を可能にしたが、男性は雑誌はごみではなく「資料だ」と主張し、応じなかったという。

報道では、市の代執行を市の発表をもとに取り上げているが、男性の家族構成やなぜこうした状態になったのか、といった点には十分触れられていない。代執行すれば問題が解決するとは限らないのが実情だ。

京都市の女性担当者は2017年7月、セルフネグレクトに関する研究会で、これまでの取り組みを説明したうえで、ごみ屋敷の状態に陥ってしまう要因や背景について次のように分析した。

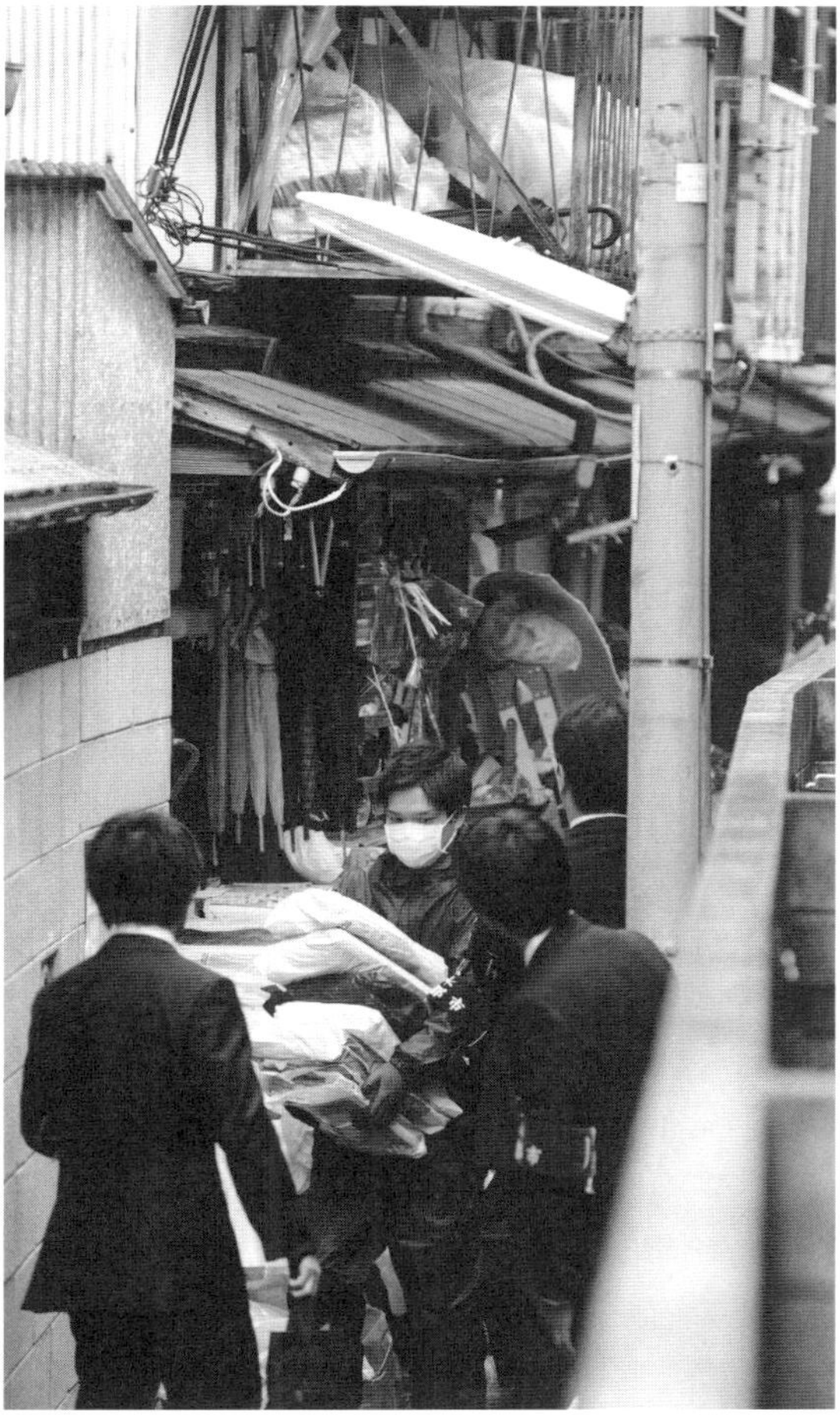

行政代執行でごみを運び出す京都市の担当者ら
京都市右京区／2015年11月（撮影：小松雄介）

①体力・気力の衰え
②買い物依存や強迫行動、仕事による収集
③思い出の品を「もったいない」と感じ、ため込んでしまう
④分別ができず、整理や廃棄が苦手
⑤死別や離別・子の独立などによる家族構成の変化
⑥育児や介護、仕事の過重な負担

研究会の席上で、女性担当者は、軽度の認知症が疑われた80代女性の事例を紹介した。

この女性は、賃貸の集合住宅で一人暮らしをしていた。近隣住民から「悪臭がひどい」と家主に連絡があり、家主からの相談で市は現状を把握した。女性には、生活保護や介護保険の利用はなかった。

自宅に入ってみると、一人暮らしでは使い切れないほどのトイレットペーパーやソースが大量に買い込まれていた。食べ残しの弁当やかびの生えた食パンが置かれ、

どの部屋もゴキブリや虫がわいていた。女性はかつて飲食業に携わっていた話を繰り返し、片づけや今後の生活について尋ねても、会話が通じる状態ではなかったという。女性は「自分で何でもできる。もう何十年も医者にかかっていない」などと語った。家主からきょうだいの連絡先を教えてもらい、妹と連絡を取ると、妹は「時々様子を見に来ているが、『あんたが来るとものがなくなる』と責められるので足が遠のき、途方に暮れていた」と話した。

本人と話すだけでは状況は改善しなかったが、家主と協力し、家族の状況を聞き、その後、きょうだいや区役所職員、地域包括支援センターで情報を共有して清掃をし、最終的に女性は施設に入った。

事例を説明したうえで、担当者はこれまでの市の取り組みをこう振り返った。

「ためこむ要因は単一ではなくどれも複合的です。人の一生においてライフステージが変化することで、これらの要因は誰もが抱える可能性があるのです。リスクが重なり精神的なバランスを崩すことで、『ごみ屋敷』として表面化し、緊急の対応を迫られることも少なくありません。ごみ屋敷は時に『生命の危険』や『孤独死』と隣り合わせでもあります。私たちは毎日普通に生活しているように思えますが、転勤や定年退職、高齢化などに伴う困り事や病気のリスクに遭遇しているはずです。普段はそのリスクを自己解決し、上手にバランスを取りながら生活し、安定した状態を保っています。

しかし年齢を重ねれば、病気や経済的な問題など、何かと不安なことが起きてきます。これらが重なってしまうと自分の力だけでは解決できなくなり、心身のバランスが崩れてしまうのです。こういう状態は、いつ誰でも起こり得ます」

会場は静まり返った。

「日々の生活の中で、食品や日用品などが増えていき、いつか捨てようと思っているうちに年月が過ぎ、気がつけばものが増えてしまい、やがてそれがごみなのかどうかが分からない状態になってしまうのです。一つひとつの事例に特効薬はなく、日々試行錯誤を続けているのが実状です」

さらにこうも付け加えた。

「これまでに把握できたのは氷山の一角です。これからは（担当部署との）情報の共有がさらに大切になってきます。状況を早期に把握し、支援のタイミングを逃さないことが重要だと思います。誰でも起こり得る身近な問題としてとらえ、普段から地域ぐるみで高齢者を見守っていく仕組み作りが必要なのです」

条例化に向け、実態調査も／神奈川県横浜市

横浜市も２０１６年12月、ごみ屋敷問題に取り組む条例を施行した。条例によって親族や建物の所有者、制度の利用状況を調べることが可能になった。

条例は、住居などの建築物やその敷地で、ものが堆積・放置されたことで生活環境が不良になり、居住者や周辺住民にさまざまな影響を及ぼしている状態を想定。市内の各区で事前調査をした結果、60件が確認されたという。そこに住む「人」に焦点を当てて関わることが大切との立場で解消に向けて取り組んでいる。

しかしこうした数字は外観から確認できたもので、実際には外から見ることのできない場所が数多く存在するとみられている。

周辺に影響がある不良な生活環境の件数の調査結果

（横浜市各区、2016年6月末時点）

鶴見区	6件	金沢区	4件
神奈川区	5件	港北区	1件
西区	3件	緑区	1件
中区	15件	青葉区	0件
南区	5件	都筑区	0件
港南区	0件	戸塚区	2件
保土ケ谷区	3件	栄区	1件
旭区	9件	泉区	1件
磯子区	2件	瀬谷区	2件
		計	60件

増える「ごみ出し支援制度」利用者

――埼玉県所沢市の取り組み

利用者は年々増加

セルフネグレクトや、それに起因する「ごみ屋敷」「ごみ部屋」の問題が顕在化する中、高齢者らを対象にした自治体のごみ出し支援制度の利用者が増え続けていることも注目されている。

例えば、埼玉県所沢市ではこの10年で取り扱い件数が3倍になった。市の担当者は「まだ制度の周知が徹底されず、拒否する人もいる。このままだとごみであふれかえる家が増えていくのではないか」と懸念する。

所沢市は2005年度から、ごみを集積場まで捨てに行けない高齢者らを対象にした「ふれあい収集」制度を始めた。対象は介護保険制度で要支援2以上の認定を受けた65歳以上の人や障害者らだ。週に1回、戸別で収集する。このサービスはケアマネジャーを通じて申請されることが多く、初年度に173世帯だった実施件数は、2014年度に500世帯を超え、その後も増え続けている。

市の担当者は、ある事例について振り返る。

80代男性の不用物の収集を2016年に受け付けた。自宅に行くと、庭先には多くのガラス板が置かれていた。関西地方に住む娘が立ち会い、「これはいらないでしょう」とその場で父親に促しても、父親は「これは使うんだ。自分の研究のために必要なんだ」と捨てることをかたくなに拒んだ。娘は担当者に、問題が生じたら自分が責任を負うとしたうえで、小声で「（気づかれないように）持っていってください」と頼んできたという。

市が保管する利用者の調査票には、利用する高齢者に関する次のような記録が並ぶ。

・88歳男性＝ごみは自分で出せると言っているが出せていない

所沢市の「ふれあい収集」利用世帯数
（すべて年度末時点）

2005年	173世帯
2006年	222世帯
2007年	256世帯
2008年	284世帯
2009年	316世帯
2010年	349世帯
2011年	378世帯
2012年	414世帯
2013年	465世帯
2014年	508世帯
2015年	510世帯
2016年	579世帯

・90歳女性＝買い物と食事は自立しているが、用事を紙に書いて貼っておかないと忘れる
・81歳、76歳の夫婦＝ご主人がごみ出しを担当していたが、2015年12月ごろから認知症が進んで分別が悪い（うまくできていない）袋を出すようになり、自宅に戻されることが多くなった。都内在住の長男が車でたまに来ては持ち帰っている状態
・81歳女性＝認知症が進んだため回収日が分からなくなってきた。買い物はヘルパーで対応しているが、ごみ出しは全部ヘルパー対応できない。食事を作れない
・89歳女性＝以前よりごみ出しができておらず、川越市在住の娘が電話でごみ出しを促していたがたまっている状態。週末にきてごみを川越まで持ち帰っていた。買い物は娘がしている。認知症
・88歳女性＝畑仕事をしているが、認知症が進みごみの分別ができなくなって残置されるようになった。家の内外にごみが堆積していてごみ屋敷になりかけている
・80歳男性＝歩行不安定のため自宅前で転倒。認知症が進み、ごみ出しができる曜

日感覚がなくなってきた。車を運転し、ごみ出しや買い物をするが、危険なため乗らないよう話を進めている

担当者によれば、８割ほどが単身者で、女性がやや多いという。

現場を知る担当者は「大正生まれの方や90歳近い方たちのほとんどが、『人には迷惑をかけられない』と、支援を受けることに消極的です」と明かす。さらに「本人に強く拒まれると、行政でも介入するのは簡単ではありません。支援が行き届いていない高齢者はまだまだ表に出ていません。このまま見て見ぬふりをすれば、ごみを捨てられない家はさらに増えていきます。予備軍は相当数いると思われます」と懸念する。

こうした増加傾向は、他の都市部の自治体も同様のようだ。公益社団法人「全国都市清掃会議」（東京都）が発行する「都市清掃」（2016年1月号）によると、神奈川県川崎市でも「ふれあい収集」制度を導入し、その利用者は増えているという。２０１０年度は５４６世帯だったが、２０１４年度には７１７世帯に増え、粗大ごみの対応も２０１０年度の９６５件から２０１４年度には１３１５件となり、「今後も実施

世帯数の増加が見込まれる」としている。

さらに「最近の申請者で多くなっているのが、夫婦がともに80歳を超え、互いに介護サービスを利用しているケース」だという。神奈川県川崎市では高齢者の一人暮らしが20年で5・7倍になっている。職員が自宅を訪問した際、玄関先で倒れている高齢の申込者を発見、すぐに救急に通報したため大事には至らなかったケースもある。大きな事故を防ぐためには、普段から生活者の変化を見逃さないことが大切だと担当者は指摘する。

また、町内自治会や老人クラブ、ＰＴＡ、地域団体などに助成・補助金を交付する制度を実施している都市もあり、それが地域のコミュニケーションの活性化につながると期待されている。

ごみ出し支援制度の導入23％弱

国立環境研究所資源循環・廃棄物研究センターが２０１５年10月にまとめたアンケートによると、高齢者を対象としたごみ出し支援制度があると回答した全国の自治体は22・9％で、4分の1に満たない。一方で9割近くの自治体は、「今後、高齢化によりごみ出しが困難な住民が増える」と認識していた。

アンケートは全国自治体の廃棄物部署を対象に実施し、1137の回答があった。それによると、支援制度の導入は2000年以降増えており、自治体の規模が大きいほど制度を導入している傾向がある。支援制度がない自治体のうち「将来的には検討したい」とする割合は約4割だった。財政難を抱えている自治体では、シルバー人材センターに有料で委託する場合もある。

また高齢化により今後顕在化するとみられる課題を聞いたところ、次のような回答が得られた。

・分別ができない、あるいは負担を感じる高齢者が増える
・高齢者が分別・ごみ出しできないことによるごみ屋敷化の懸念
・集積所を管理する自治会・町内会の担い手不足
・高齢者の死亡に伴う遺品整理業者への対応

調査に携わった小島英子特別研究員（現・客員研究員）は筆者の取材に「高齢化と並行して単身世帯の拡大や地域のつながりの希薄化が一層進んでいる。ごみ出し支援はセルフネグレクトの防止につながると考えられる。近所づきあいが希薄な都市部では、この支援制度が一層必要になっている」と問題点を指摘した。

センターは2017年5月、調査結果や各地の取り組みなどについてまとめた「高齢者ごみ出し支援ガイドブック」をインターネットで公開した。

ガイドブックでは、2016年の高齢化率（65歳以上の人口の割合）は27・3％で、「国民の4人に1人が高齢者であり、20年後には3人に1人が高齢者になると予測されている」と指摘。2015年度の厚生労働省の調査では、全世帯数の4分の1が高齢者のみの世帯、全世帯の8分の1が高齢者の単身世帯で、その割合は年々増加している。

年齢を重ねると、エレベーターのない集合住宅に住む場合には負担が一層大きくなるとし、体力の衰えからごみ出しができなくなるうえ、分別が不十分だったり、ごみ出しの際に転倒しやすくなったりする恐れがあると注意を呼びかけている。

そのうえで、文字やイラストを大きくした簡易版のごみ分別ガイドを発行する東京都東大和市や、高齢や障害のためごみ分別が困難な人は分別が免除されるシールを発行する熊本県水俣市の取り組みなどを紹介した。

さらに、指定日以外でもごみを出せる「ハンディキャップボックス」を配付している東京都日野市や、ごみ出しの担い手不足をカバーするため、自治会に加入する元気な80歳近い高齢者が代わって担当する千葉県千葉市稲毛区の自治会、地域の中学生ボランティアがごみ出し支援に協力している新潟県新潟市の亀田西小学校区の取り組みなどを掲載している。

環境省は２０１７年、高齢者世帯へのごみ出し支援制度の実態把握を進める方針を決めた。制度を実施している自治体に聞き取りを進めるという。現状では、東京都内や政令指定都市など、人や予算に比較的余裕のある自治体の導入が目立ち、高齢化率の高い地方では少ないとみられている。環境省の担当者は「各地で高齢化が進み、ごみ出し支援は全国共通の課題だ。自治体が制度を作りやすいよう国としても準備したい」としている。

第4章

医療は
セルフネグレクトを
救えるか

外から見た限りでは、何の異変もなさそうな家屋や集合住宅であっても、実際には住人がセルフネグレクトの状態に陥っていた、命の危険にさらされていた、というケースがある。高齢者の場合、その息子や娘といった家族が適切な対応をとらず、外部の支援も拒んでいることも考えられる。

診療のため訪れた医師が、家の中の異変に気づくこともあるという。セルフネグレクトの早期発見や解決のために、医療や医師の積極的な役割を期待する声もある。

ごみに埋もれた母のことを誰にも相談できず

――娘と同居の60代女性（千葉県北西部）

医師の発見から警察が踏み込み、高齢女性を救出

千葉県北西部で２０１６年5月、ごみがたまった一戸建ての一室から、足が壊死《えし》した状態の高齢女性が救出された。

発見された時、女性はものに埋もれた状態で、セルフネグレクトの疑いがあった。女性宅がある自治体などによると、女性は60代後半で、企業に勤めていた70代の夫と30代の娘の３人で暮らしていた。夫はがんを患っており、２０１６年４月に医師が往診のため訪れた際、２階にごみだらけの部屋があることに気づいた。異変を感じた医師は自治体に連絡。夫はその直後に亡くなったが、その葬儀に妻である女性は参列せず、姿も見せなかった。

自治体職員は女性の安否確認が必要と判断し、同居する娘に「お母さんに会わせてほしいのですが」と依頼した。

しかし娘は、「母は会いたくないと言っています」「私を何か疑っているんですか？　私が何かしたとでも言うんですか？」「心配な時はこっちから頼みますよ」などと声を荒らげて拒んだ。

自治体職員に母親本人から、「私は大丈夫です。娘には良くしてもらっています」とわざわざ連絡してきたこともあった。

自治体が調べると、女性は定期的にかかりつけ医に診てもらっていたが、ここ１年半ほど受診歴がなかった。このため自治体は「女性の安否が確認できない」と地元の警察署に相談。警察官による周辺への聞き込みで、「最近顔を見ていない」などの証言を得た。

女性の健康が損なわれているだけでなく、命に危険が及ぶかもしれない――。こうした懸念から、5月12日、警察官数人が保健師らとともに女性宅に踏み込んだ。家に立ち入ってみると、女性は2階の部屋でレジ袋やペットボトル、ヨーグルトのカップ、おにぎりを包んでいたアルミホイルなど大量のごみにあおむけになって埋もれ、顔だけを出した状態だった。

警察官が声をかけると、女性は「大丈夫です」と何とか返事をしたものの、自力では動けない様子だった。救助工作車とレスキュー隊が出動し、病院に救急搬送。女性の両足の先端は真っ黒な状態で壊死していた。

女性の食事は娘が運び、トイレはおむつで済ませていたという。

救出された時、娘は、「母のことを誰に相談すればいいのか分かりませんでした」と涙を流し、母親はそのまま入院した。

「手を打たなければ、どんどん増えていく」

高齢者医療に詳しい千葉県の医師はこう指摘する。

「この事例では、発見がもし数カ月遅れていたら女性は亡くなっていたかもしれません。今回の女性は特殊な事例ではなく、現実にはもっと広大に、類似した事例が存在すると思います。

例えば団地の3階に1人で暮らす高齢者が膝を痛めたとなったら外出もままならず、ごみを捨てることも容易ではありません。『お上のお世話になるのは申し訳ない』などの意識が働き、助けを求める声を上げない人も少なくないのです。

この事例の場合、娘さんも対応が分からず困っていたのだと思います。だからこそ、依頼がなくても専門職が訪問支援に出かけていくことが重要なのです。それが結果的に社会保障にかかる予算を減らすことになるのです」

さらに医師は続けた。

「もし孤独死されるようなことがあれば、近所も行政もみんな困ってしまいます。セルフネグレクトの問題も認知症と同様に、何らかの手を打たなければこれからどんどん増えていくのです。本人の状況を把握し、いろいろな専門家がその人を支援する体制が整わなければ、いつまで経っても発見が遅れてしまいます。気づいた時にはごみに埋もれたまま大変な状態で見つかって、周囲があわてて対応に追われることになります。

ごみ屋敷になる前に状況を把握し、支援に入っていれば、少しずつものを捨てていけたかもしれないのです。あと10年もすると、孤独死やごみ屋敷がもっと増えていくことは分かりきっています。今回の事例はどの家庭でも起こり得ることなのです」

「習志野の教訓」生きる

今回の事案について、女性の発見にかかわった地元警察署の幹部は取材に対しこう語った。

「こういう事案は早急に、ということを念頭に対応を取りました。そうしなければ今は救える人も救えず、『習志野の教訓』が生きてきません」

幹部が「教訓」としたのは、２０１１年12月に千葉県習志野市で起きたストーカー事案に端を発し、長崎県西海市で起きた殺人事件のことだ。習志野市で女性と同居していた男（当時27歳）が、長崎県の実家に帰っていた女性を連れ戻そうとして、女性の祖母（同77歳）と母（同56歳）を殺害。２０１６年に死刑が確定している。

事件ではストーカー被害を相談されていた千葉県警や長崎県警の間に連携不足があったのではないかといった問題が浮上。警察庁は翌２０１２年、署から本部への速やかな報告や警察間の連携などを求める通達を出した。

地元署から連絡を受けて、女性発見の対応に当たった千葉県警子ども女性安全対策課も「習志野の反省があったので『（役所や警察の間での）連携が必要だ』ということになった」と語る。

千葉県内での高齢者虐待の認知件数は２０１５年には４７１件だったが、２０１６年は８２４件と倍近くに増えた。県警の担当者は「生命にかかわりかねない事案は行政や警察にまず相談してほしい」と呼びかけている。

女性からのメール「気持ち分かる」

「相談できなかった自分と重なった」

千葉県でごみがたまった部屋から足が壊死した高齢女性が救出され、30代の娘が「誰に相談すればいいか分からなかった」と涙を流したことを2017年2月に毎日新聞が報じると、読者からの反響のメールが相次いだ。

メールを寄せた中に、静岡県在住の30代の女性がおり、こう書かれていた。

「母のことを『誰に相談すればいいのか分らなかった』と言った（千葉県の）30代女性がまるで2年前の自分と重なり、いたたまれなくなりました。

私の母は2年前に肝硬変で亡くなりましたが、病気が発覚して久しぶりに実家を訪れると家がゴキブリだらけでした。至るところで大小問わず闊歩し、冷蔵庫の中にも死骸が転がる始末。不衛生極まりない状況であるにもかかわらず、本人は風呂にも入らず平気な様子でした。

私は既に結婚して小さな子どもがいて、遠方に住んでいるのですが、実家はとても子どもを泊められる状況ではなく、仕方なく1人で1泊しました。その夜は、布団にゴキブリがはってこないか心配でたまらず、自宅に帰ってからも目の端にゴキブリの幻覚が見えるほどでした」

相談相手につながったことで母親も自分も救われた、ということがメールにはつづられ、最後にはこうあった。

「相談をすれば何かしら手立てがあるということを悩んでいる人には本当に伝えたいです。ただ手続きは煩雑なことも多く、面倒に感じることはあるかもしれません。でも声を上げれば最悪な事態を脱することができるのだと、ぜひメディアから伝えて欲しいのです。

そして受け止める側の市役所や行政にも、なるべく柔軟な態度で対応してくれるよう強く訴えたいです。これからもセルフネグレクトとその家族のことを報道していただければと思います」

メールのやりとりをしたのち、女性が取材に応じてくれることになった。

女性の自宅に近い静岡県の駅に向かい、新幹線の駅に近い喫茶店で話を聞いた。会社員として働きながら2人の子育てをしているという女性は、家族との写真を手に、大阪府内の実家が一時荒れていたと語り始めた。

「同じ30代なので、記事を読んで『あっ』と思いました。千葉県のこの女性に『言えないよね、分かるよ』と言いたかったんです。でも、相談すれば助けてもらえることを多くの人に知ってほしいと思ったんです」

さらにこう続けた。

「私と同じような人はたくさんいると思います。悩んでいるなら抱え込まずに第三者に相談した方がいいんです。必ず解決の糸口が見つかるはずです」と語り、少しずつ経験を口にした。

かかりつけ医からの電話

大阪府の実家の「異変」に女性が気づいたのは2014年1月のことだ。

母親と一緒に住んでいた30代の兄が心筋梗塞《しんきんこうそく》で亡くなり、葬儀のため久しぶりに実家を訪れると、雑誌やスナック菓子が散乱するなど部屋がひどく汚れ、冷蔵庫や炊飯器の中には虫がはっている状態だった。

母親に尋ねると、2007年に父親が食道がんで亡くなった後、兄は「掃除機の音がうるさくてテレビを見られない」などと文句を言うようになり、掃除をしなくなったと答えた。部屋は荒れ始め、それがいつの間にか母親自身にとっても当たり前のことになってしまい、片づけの必要を感じなくなっていたという。

母親は風呂にも入っていなかった。

理由を聞くと「1人だし、どうせ誰にも会わないから」という答えが返ってきた。

女性が「片づけようか」、「炊飯器を買おうか」と言っても、「余計なことをせんでくれ」と取り付く島もなかった。

女性は「セルフネグレクトという言葉を後で知りましたが、今振り返ると『まさにあの状態がそうだったな』と思います。母親は自分のことを管理できなかったし、したくもなかったんです」と語った。

そうした母親を前にして、女性自身も悩んでいた。

「母親のことをどこかに相談しないといけないと思っていたんですが、どこまで言っていいんだろうと思っているうちに状況が悪くなっていき、とても他人には言えなくなってしまったんです」

転機は長年診てもらっているかかりつけ医からの1本の電話だった。

医者はこう告げた。

「最近診療に（母親が）全然来てないがどうしたのか、と思いレントゲンを見直したのですが、不安な点があります。すぐに大きな病院に行ってください」

女性の言うことを聞かない母親も、医者の言うことには逆らえず、総合病院で診てもらうと、末期の肝硬変だと分かった。

病院に行ったことで、女性は「気持ちが楽になった」という。解決への道筋が見えてきたからだ。

病院のソーシャルワーカーが母親の生活支援のため、「まずは介護認定を受けましょう」と勧めてくれた。さまざまなサービスを紹介してくれ、そこから地域包括支援センターにつながり、ケアマネジャーがケアプランを作成。週に2回はヘルパーが母親の身の回りの世話をし、宅配弁当も届けられた。買い物はシルバー人材センターに頼み、母親の友人や民生委員を含め、ほぼ毎日、誰かが母親と接するようになった。人が出入りするようになり、家の状態も少しずつ改善されていった。

女性は、「家庭の問題なので他人には言えない、と思っている人がたくさんいると思うんです。同居していればなおさらでしょう。私は遠方にいて子どもも小さかったから他人を頼らざるを得なかったのです。今思えば他人に言って全然良かったんだ、と思っています」と笑顔で語ってくれた。

兄の死から1年半後の2015年7月、母親は他界した。

はじめは「人の迷惑になりたくない」と言っていた母親だったが「良くしてくれてありがとう」と周囲に話すようになり、穏やかに最期を迎えることができたのだという。

女性は、「この経験を身内以外に話したのは初めてです」と語った。

記事をきっかけに、勇気を持って自分のことを語ってくれる人もいる。セルフネグレクトに陥り、荒れた実家を気にしていても、誰に相談していいのか分からずに悩んでいる人が数多く埋もれているに違いない。こうした声を伝えていくことで誰かを救えるのではないか。そんな思いを強くした。

ことば●要介護認定

原則65歳以上の高齢者が介護サービスを受ける際は、市町村の窓口で介護認定の申請が必要になる。訪問調査と審査をへて、要支援1~2、要介護1~5の7段階で要介護度が判定される。その後、ケアマネジャーらの作成したケアプランをもとに在宅・施設サービスを受ける。

セルフネグレクトに陥った人を親族や身近な人が説得し、こうした支援につなげていくことで、本人の状況が改善されることがある。

東京都北区の「サポート医」

行政と医師会が連携

医師がどのような形でセルフネグレクトに陥った当事者とかかわっていけばいいのか。そのヒントになるのが、東京都北区の「高齢者あんしんセンターサポート医」事業だ。自治体と地元医師会が連携することで、セルフネグレクトの対策にもつながっている。

東京23区内で最も高齢化が進んでいる北区では、従来の認知症サポート医の枠組みを超えて、在宅高齢者に対する介護と医療の連携を初めて予算に基づきシステム化した。医師が日々現場に出向き、問題の事例解消に取り組む。

北区の大規模団地の中には、総人口に占める65歳以上の人の割合を示す「高齢化率」が50％を超える所もある。区の職員らが対応に当たっても、認知症を患っていることが原因で面会を拒み、支援を受け入れない人もいる。

国は認知症サポート医制度を設けているが、地域での具体的な役割の線引きが分かりにくい、といった声も現場の医師からは出ている。行政と地元医師会の思惑が一致して2012年度に区で予算化したのが、ケアマネジャーらの情報や要請に基づき医師自ら高齢者宅に足を運んで医療サービスを届ける独自の「サポート医」事業だった。

この事業は、訪問診療などの経験が豊富な医師が、地域ごとに学校医と同じ「非常勤職員」として、セルフネグレクトを含む「困難事例」の高齢者を主に担当している。これまで対応したセルフネグレクトは20人以上になる。

北区介護医療連携推進担当課の小宮山恵美課長は「ケアマネジャーがなかなか（セルフネグレクトなどの当事者の部屋の）中に入れてもらえなくても、医師ならすっと家や部屋の中に入っていける場合があります。そこから在宅医療や福祉サービスが始まるのです」と、医師による訪問の効果を語る。

「こんにちは」

2016年12月、区の北部にある都営団地2階のドアを開け、サポート医の河村雅明さん（62歳）が中に入った。ここに住んでいるのは一人暮らしの70代男性だ。

男性は前年の暮れに家の中で倒れて病院に運ばれ、栄養不良が疑われたが、診療を拒否してほどなく帰宅した。病院への不信感が強く、長年医療サービスを受け付けない。

「この人はセルフネグレクトの状態です。受診を嫌がっているので無理強いは禁物です」と河村さんが教えてくれた。

「まずは安否確認から始めます。ここの団地の中には、部屋に入っていくとしばらく話し込んで帰してくれない人もいます。こうした場所に1人でずっといると寂しくて、孤独なんですね」

河村さんによると、配偶者が亡くなることも、認知症が進行するきっかけになるという。配偶者を失った虚脱感から引きこもりがちになったり、セルフネグレクトに陥って近隣とのトラブルを抱えるようになったり、さらには自分自身が攻撃的になってしまう……。こうした悪循環に陥ることもある。

一人暮らしの高齢男性が住む部屋を訪問するサポート医の河村雅明さん
東京都北区／2016年12月（撮影：筆者）

内閣府の調査によると、医者にかからない理由としては、「お金をかけたくない」「医者嫌い」「医者に不信感がある」「状況を隠したい」などが挙げられている。

「支援を必要とするにもかかわらず、自分から手続きを申請しない人が少なくありません。私が日々やっているのは問題解消につながる介護保険への入り口をこじ開ける、という仕事ですね」

河村さんは以前、区内のある70代の男性の家に出かけた時のことを振り返った。

この家は部屋中がごみで埋まり、階段も使えないため2階へははしごをかけて出入りしていた。男性は一人暮らしでぼやを出し、訪れた地域包括支援センターのケアマネジャーらには同じ話を繰り返していた。会社勤めをしていたので年金はあるものの、保険証や通帳を紛失し、お金を動かせない状態だった。ケアマネジャーらは打つ手をなくし、河村さんに依頼が来た。

「今なら区の健診が受けられますよ」

河村さんはそう男性に持ちかけた。介護保険の意見書と病院への紹介状を書き、病院で検査を受けた男性はそのまま入院した。区長の申し立てでお金を自由に動かせるように、成年後見に必要な診断書も書いた。

「この男性はお金を引き出せず、食べ物にも困っている状態でした。どこかで介入しないと命が危ないことも少なくないのです」

河村さんはそう強調した。

事業は当初、事例が多く手が足りず、サポート医の数を増やした。その後は次第に地域包括支援センターの職員も対応に慣れ、問題が大きくなる前に対処できるようになったという。行政と医師会などが地域でどう協力関係を強め、問題の早期発見につなげていくのか。地域によって対応に差があるが、今後の重要な課題になりそうだ。

ことば●成年後見制度
認知症や障害の影響で判断能力が十分でないため、契約など法律行為の意思決定が困難な人たちが、適切な選択ができるよう支援する制度。申し立てを受けた家庭裁判所が本人との利害関係などを考慮し、「後見人」を選任する。制度を利用するには、医師による診断書も必要になる。配偶者・親族、弁護士、司法書士、社会福祉士のほか、社会福祉協議会などの法人や研修を受けた地域住民も後見人になることができる。2000年4月に施行された。

第５章
専門家に聞く

セルフネグレクトの問題は、事例報告の増加やメディアの報道などで、次第に社会で広く認知されるようになってきた。現状や今後の課題について、専門家に聞いた。

東邦大学教授（公衆衛生看護学）、岸恵美子さん

きし・えみこ／看護学博士。東京都板橋区や北区で保健師として16年間勤務後、日本赤十字看護大学准教授、帝京大学教授などを経て現職。研究テーマは高齢者虐待や孤立死など。著書に『ルポ ゴミ屋敷に棲む人々 孤立死を呼ぶ「セルフ・ネグレクト」の実態』（幻冬舎新書）がある。また『セルフ・ネグレクトの人への支援』（中央法規）の編集代表。

まずは話を聞くこと

セルフネグレクトの解決は人権問題

――ごみ屋敷の状態はごく普通の人にも起こり得ることだと、多くの関係者が指摘しています。

ものがたまる理由には、お店で安く簡単に手に入る一方、高齢で捨てに行くのが大変なことや、捨てる際の分別ルールが厳しいことなどがあります。一人暮らしで足腰が弱った高齢者の場合、ごみはすぐにたまってしまいます。周囲にごみ出しを頼めばいいと思いますが、こんなにためている人と思われたくないので頼めないのです。

分別が不十分だとごみ置き場から戻され、ごみを出すのが怖くなる場合もあります。配偶者を亡くすなどして生活意欲を失ったセルフネグレクトに陥り、ごみ出しを放棄してしまう人もいます。高齢化が進み、こうして孤立する人たちは今後増えていくと思います。

――そうした現状にどう対応すればいいのでしょう?

まず話を聞くことです。「部屋が汚いから捨ててはどうですか」と言ったら相手は傷つきますし、遠慮やプライドから「困っていない」と主張する人もいます。客観的に見て困っていないのなら問題はありませんが、実際は健康的な生活が保たれていないことが多いのです。その場合は支援が必要です。具体的な支援の方法はいくつかあります。

1　周囲にも協力してもらい、対象者を見つける
2　話を聞いて信頼関係を作り、支援につなげる
3　計画的に見守る

この3つが大事です。近所の人も行政機関に連絡するなどして、支援が必要な人が埋もれないようにしてほしいですね。

――周囲の人と行政の連携が重要だということですか。

一番の問題は、自分から助けを求めない人には行政が手を差し伸べないこと、いわゆる申請主義です。高齢者の中には、「多少のことは我慢すべきだ」という教育を受けている人が多いですし、自分が置かれている状況は仕方がないとあきらめ、声を上げない人もいます。それを放っておくことは、行政によるネグレクトにもなり得ます。見て見ぬふりをすれば本人の健康状態がますます悪化するだけでなく、解決するために大きなコストがかかってしまいます。

――新たに条例を制定する自治体も出てきています。

条例化は評価できますが、短時間のうちにごみを撤去する代執行まで進めてしまう条例では本人の意思に反してしまう恐れがあります。無理やり撤去することになり、人権が侵害されるかもしれません。条例化しても、本人の支援に時間をかけている東京都足立区のような自治体は評価できます。条例作りは弁護士や医療関係者とともに行うべきです。

――国はどう関与すべきなのでしょうか。

基本的には人権の問題なので、国が法律を作り、各地の行政が均一的に動けることが大事だと思います。そのためには、保健・福祉部門が中心となり、他機関と連携する必要があります。ごみ屋敷やセルフネグレクトには国の定義がないため、自治体の対応がばらばらなのが現状です。きちんとごみ屋敷の定義を定めて、全数調査することで状況を把握する必要があります。同時に、高齢者虐待防止法の虐待類型にセルフネグレクトを追加するなどして、これらは人権問題だという認識を社会が共有すべきです。

東京都北区十条高齢者あんしんセンター（地域包括支援センター）長、島崎陽子さん

しまざき・ようこ／看護師として東京都板橋区や港区の病院に勤務後、北区の訪問支援員。２００６年から北区内の地域包括支援センターに勤務し、２０１５年から現職。

喪失感や寂しさ、不安の強まりが背景に

年齢とともに感覚に衰え

――地域包括支援センターには、どのような相談が寄せられますか。

センターは、分かりやすく言うと「高齢者の総合相談窓口」です。本人や家族からの「体の具合が悪くなりどうしたらいいのか」という相談や、手続き申請の問い合わ

せ、また各地の民生委員や自治会長などをされている人たちから「あの家が心配」「最近あの家の人を見かけない」といった相談を受けることもあります。センターにはケアマネジャーや社会福祉士、保健師や看護師が常駐し、それらの相談に応じています。

ここで数年勤務していると、年齢を重ねるうちに生活意欲が低下していく人に出会うことが増えていきます。

「何もする気がなくなった」

「以前は自分の身の回りのことをしていたが、どうせ数年経てば死ぬから、もういいんだ」

こうしたことを口にする高齢者は少なくありません。これがセルフネグレクトの入り口かな、と思うこともあります。

――セルフネグレクトが疑われる人とはどのくらいの頻度でかかわりますか。

自宅がごみ屋敷の状態で、さらにセルフネグレクトが疑われるケースは、私自身の経験では年に１件あるかないかです。実際に現場に踏み込むのはなかなか大変なことで、少し気になっている人はたくさんいますが、そこを1軒1軒訪ね歩き、なおかつ家の中まで入っていくのはなかなか難しいのが現状です。

例えば、ごみ屋敷に関する情報ですと、まずは近隣住民や民生委員、町会役員、行政から次のような声が寄せられます。

「ちょっとあの家の様子がおかしい」

「ものがあふれている」

「臭いが気になる」

「人がいるのかいないのか分からない」

こうした声から調査が始まることが多いです。

センターの職員が地域の実態調査や訪問途中で、直感的に「あの家は心配だ」と感じたところから発見することもあります。

当事者である高齢者の中には、戦中戦後のもののない時代を過ごしたという経済的背景が影響している人も多いと思います。また、障害や病気の発症をきっかけに判断力が低下してしまうことがあります。さらに、身体的機能が落ちると、片づけることが負担になると同時に、視力や聴力、嗅覚が弱くなってきます。つまり、ごみがたまっていても気にならなかったり、見えていなかったり、臭いも感じずに周囲から指摘されても耳に入らない、という状況になってしまうのです。

意欲が低下すれば当然やる気も起きず、家から出るのも面倒になってしまうでしょう。そうなれば社会とのつながりはなくなり、ごみの分別などのルールにも無関心になっていきます。やがて出さなくても気にならなくなり、部屋の中に放置してしまうことになるのです。

高齢者の中には閉鎖的になってしまう人も多く、外部の情報をキャッチしにくくなります。「誰に聞いていいかよく分からない」というのも、ごみをため込んでしまう原因に挙げられるようです。

そんな人たちからよく聞く言葉があります。

「もう年だから」

「この先長くないから、もういいんだよ」

「どうでもいいんだ。別に気にならないし構わない。ごみではないよ、まだ使えるんだから。これは自分の大事なものなんだ」

「医者の世話にはなりたくない」

「あとは自分で片づけるつもりだ。元気になって、体調が良くなったらやる」

居住環境を変えない限り、ものがたまった状態が当たり前になってしまいます。本人だけでなく、子どもなど家族もそれに対し疑問を持たなくなることもあると思います。現代は昔と比べ、近所の人が心配して口を出してくれることもなく、ものの管理は個々人が責任を負うことが多くなっているのです。

拒否する人をどう説得するか

——具体的な事例を教えてください。

これは80代の一人暮らしの女性のケースです。アパートの大家さんから、「部屋がものであふれてどうにもならないから、一度見てもらえないか」と連絡があり、訪問しました。

この部屋は、クモの巣がいくつも垂れ下がっていました。室内でネズミも数匹見つけました。見つけた時は、清掃業者の人としばしぼう然と眺めてしまいましたが、すぐにほうきで振り払いました。

玄関からものをかきわけながら入っていくと、女性は敷きっぱなしの布団に足を投げ出して座っていました。「もう年だし、病院に行くのはおっくうだ。早く死ねたらいい」としきりに口にしていました。そんな言動から、私は「あ、これがセルフネグレクトかな」と思いました。左の下肢がぱんぱんに腫れていて、何らかの病気を患っていることは一目瞭然でしたので、それから何度もそのお宅に通って受診を勧めました。

大家さんからの後押しもあり、ようやく受診した時には末期の膀胱がんで即入院しました。その後本人が自宅に戻ることを望んだので、医師や看護師と相談し、生活に必要なベッドを入れることをはじめ、女性が片づけにも同意したので住環境が改善されました。

――他の事例はいかがですか。

息子と二人暮らしの90代女性の事例です。息子は脳卒中の後遺症で体の一部が不自由でした。近所の方が、「最近お母さんを見かけない」と訪ねていったら、母親自身が出てきて、「あんたたち何しに来たんだ。私は病院とかには行かないよ。このままでいいんだから、いいから早く帰ってくれませんかね」とすごい剣幕で言ったそうです。女性はおそらく、体に痛みを抱えていたのだと思います。トイレの前に布団を敷いて寝ている姿を見て、とてもいたたまれない気持ちになりました。

同居する息子はただおろおろし、対策についていろいろ話してもうまく実行に移せず、果物を箱買いしたり、冷蔵庫に入りきらないほどの食材を買っては腐らせてそのまま放置したり、という状況が続いていました。

息子は自分自身の生活で精一杯だといい、母親の世話にも限界があると言っていました。一方の母親も息子に自分の身の回りのことを頼むことができていませんでした。

スタッフが「この状況が続くのは良くないのではないか」と話すと、息子は「昔からこんな感じなんで」という答えが返ってくるだけ。スタッフが何度も訪問し、医療を受ける必要性を説得し続け、ようやく往診が始まりました。

支援が入ってから、母親はようやく「まだあきらめなくていいのね」と口にするようになったのです。

まずは生活ぶりを知る

――数々の家に足を運びながら、どんなことを感じますか。

個々のケースは本当にさまざまで、どこまでがごみで、どこからが違うのか。またどういった状態をセルフネグレクトというのか、毎回直面する事例ごとに考えさせられています。

かかわるポイントとしては、とにかくまずその環境に飛び込んで、その人たちの生活ぶりを体感することです。相手の話に耳を傾け、信頼関係を構築することにしています。そこに住む本人は、実は劣悪な環境にいるのを自分で理解できていないこともあり、こちらが「ものがあふれて生活が不便になっていますよ」と具体的に状況を知らせて気づいてもらうことも必要だと思います。

また当事者の方がこれまでどんな生き方をしてきたのか、これからどう生きていきたいのか、もしくは人生の終わり方についてどんな思いがあるのかといった内容に話が及ぶこともあります。そういった場面では、その人が本当に望むことを聞けることがあります。会話の中から環境改善につながる糸口が見つかることが多いのですが、本人や家族から自分たちでやるから大丈夫、と言われてしまうと解決に時間がかかってしまいます。

このような事例がいつもセンターに持ち込まれるわけではありませんが、さまざまなきっかけでセルフネグレクトに陥る高齢者は多いと思います。高齢になれば体力が衰えることに加え、身内を失ったことからくる強い喪失感を抱える人も多くなります。何もする気が起きなくなってしまうことは容易に想像できます。そういう意味では、誰もがこうした状態、つまりセルフネグレクトに陥ってもおかしくないと考えています。

――現状ではどんな点が課題ですか。

今はごみ屋敷として表面化した方に対応していますが、誰にも気づかれないままで蓄積されたごみとともに住む人にどう手を差し伸べるかは、個別の対応が不可欠だと思います。また、ごみだらけになる前にセルフネグレクトの何らかのサインが出ていることも考えられますので、早期発見を含めた予防策が求められると思います。

さまざまな事例に接する中で分かったことの一つは、セルフネグレクトに陥っていても、外部の人とかかわることで気持ちに変化が生じてくることです。ごみ屋敷の場合、ものを整理すればそれで終わり、という単純なものではありません。ものがあることがそこに住む人の心のよりどころになっている場合もありますし、「空間が広いとすごく寂しい。怖い」と話す人もいます。当事者の心のひずみや、深い事情を探らない限り、なかなか根本的な解決は難しいのです。対応する側の意識も変えていく必要があるのだと思います。

すごく大変な業務ですが、私たちセンターの職員の働きかけは重要だと感じていますし、逆にこちらが学ぶことも少なくありません。

最近セルフネグレクトや、それが一因とみられるごみ屋敷の報道が増えてきたことで、家族や近所の住人に異変を感じて迅速に相談してくる人も増えてきました。こうした状態に陥る人はそれぞれに事情があり、世代や性別によって特別な傾向があるともなかなか言い切れません。各地のセンターで数々の事例を蓄積していると思いますので、研修などを通して広く共有し、職員の対応力をさらに高めていく必要があると思います。

特殊清掃・遺品整理の専門会社「まごのて」社長、佐々木久史さん

ささき・ひさし／運送会社勤務などを経て「まごのて」（東京都江戸川区）を設立。これまでに3500件以上の家屋や集合住宅のごみ屋敷の片づけを請け負い、テレビ番組にも出演。社会問題ととらえて依頼者の生活改善も助言している。

捨てられる側の心情にも配慮を

近隣づきあいの希薄さを反映

――普段の相談の状況を教えてください。

ごみ屋敷などの清掃を手がけていますが、扱う件数は年間700件以上です。ホームページからパソコンやスマートフォンで依頼を受けることが多く、相談だけですと、実際の依頼件数の3倍はありますので、常時電話を受けている状況です。

関東全域で請け負っていますが、場所で言うと東京都内が最も多く、次に神奈川県が続きます。千葉県と埼玉県がほぼ同じくらいです。都内で言いますと、新宿区から西の中野区、杉並区、武蔵野市、三鷹市といった地域が多く、江戸川区、台東区、葛飾区、荒川区などの東のエリアは西側ほどは多くありません。

これは私の推測ですが、下町地域の東側はまだ「おせっかい文化」が残っており、その点で言えば、西の方が近所づきあいが比較的希薄なことなどが背景にあると思います。

――依頼を受けるのはどのような状態の家屋や部屋でしょうか。

大別すると次の3つのパターンがあります。
1　生ごみや生活ごみがたまった「有機系」
2　元々使っていたものが捨てられずにたまっている、買い物依存や収集による「倉庫系」
3　1と2が複合したもの
外から見て明らかにそうと分かる場合もあれば、分からない場合もあります。私の感触では、建物の種類にもよりますが、一つの集合住宅の1割はものがたまった部屋であってもおかしくない場所もあります。一つの依頼を受けて出かけ、そこと同じ建物の中に新たに気になる部屋を見つけてしまう時もあります。ベランダや玄関のドアが乱雑だったりするのです。

――今、こうした家や部屋の清掃を手がける業者が少なくありません。

依頼者や行政が業者を選ぶ際に重要なのは、「ニーズを満たせるか」という点です。依頼者の部屋を片づけた後、快適に暮らすにはどうすればよいのかという点に主眼が置ける業者を選ぶ必要があるでしょう。業者の中には廃品回収業がメインの業務だったりする例も少なくありません。今はインターネットで探すことも多いと思いますが、業者は玉石混交です。記載されている住所に実態があるかをはじめ、業務内容までよく見極めた方がいいでしょう。業者側としては、依頼者に徹底してヒアリングし、できる限り本人と一緒に作業を進めることが大切だと思います。

――相談の中で、近年の変化を感じることはありますか。

ここ1、2年で、実家の片づけに関する相談が急増しています。全体のおよそ2〜

3割を占め、子どもから「親の実家を何とか片づけてほしい」と連絡をしてきます。私は相談者には「能動的か」「受動的か」の2つのパターンがあると考えています。

能動的な相談であれば、本人も何とかしたいと強く思っているので、作業もスムーズに進むことが多いのですが、問題は受動的な依頼です。これは高齢者が多い。子どもやきょうだいといった親族からは、「近所に分かってしまったら恥ずかしい」、または行政からは、「このままではヘルパーが中に入れないから」などといって依頼が来ますが、肝心の当事者たちに片づけが必要だという認識が薄いので、話がなかなか進みません。だから受動的な相談の場合は、契約が成立しないことがよく起きます。

片づけは「ものと情報の整理」

――セルフネグレクトに陥っている人のことが注目されてきています。

相当いると思います。ただし、自ら言い出すことはほとんどないので、明らかになっているのは氷山の一角でしょう。セルフネグレクトを考える時に注意したい点があります。「ものが多い家屋＝住人はセルフネグレクト」、と安易に定義づけるのは、ちょっと無理がある気がします。いわゆる倉庫系、ものが多い家の中は、必ずしもセルフネグレクトとは言えないと思える現場もあります。ものがたまった状態はさまざまで、そうなった原因も背景も異なります。セルフネグレクトの定義づけをしっかり考える必要があると思います。

一つ事例を紹介しましょう。

かつて5人家族が住んでいた結構大きなお宅に70代後半のおばあさん1人で暮らしていました。ここはとにかくものが多い状態でした。ごみもあったし、昔のものもいっぱいありました。玄関を開けるとごみやものの山があって、それを越えてダイニング、リビングに入ります。動線も確保できず、古い書類があちこちに散乱していました。家が大きいので、捨てたくないものは取っておくことができたのでした。

ものをたくさん持っていることは、社会的にもステータスが高いと考える人もいるので、この方のように置く場所があるなら、そのまま置いてあげることもあります。第三者の目から見て絶対使わないと思ったとしても、本人が持っていて安心するなら置いてあげましょうというスタンスで私はやってきました。そのかわりネズミに汚染されていたり、不衛生な状態になっていたりするものはどんどん捨てていきました。物資の少ない時代を生きてきた高齢者の方たちは、我々とはものに対する価値観が違います。捨てることに罪悪感を抱く人もいます。

ものを捨てられない理由としては次のようなものが挙げられます。

・いつか使う、使おうと思った時にないと困るから
・買った時に高かったから
・誰かにあげると喜ばれると思うから
・人からもらったものだから
・ものが多くても不便を感じないから

古い大きな家の場合、百貨店の昔の包装紙にくるまれたタオルや、立派に包まれたハチミツといったものがどんどん出てきます。我々としては、自由に動けるスペースを確保し、危険な状態を排除すればそれで解決したと思える事例もあり、実際にそれ

で終わりにする場合もあります。

高齢者の自宅の片づけは、我々が考えている以上にデリケートなものです。施設入所や親族との同居のため段ボール10個程度の荷物しか持っていけないことを本人が十分に理解していたとしても、目の前でどんどん捨てられると一気に気持ちが沈んでいく場合もあります。

中には片づけている途中に「死のう」と言い出した高齢の女性や、「勝手にしろ！」と怒り出してその場から逃げ出してしまった人、急に泣き出してしまった人も見てきました。

片づけというのは、「ものと情報の整理」だと思います。残りの人生を明るくし、これからの楽しみを見出す機会にするべきだと思っています。

30～50代と70～80代とでは世代間ギャップがあると考えた方がいいと思います。「きれい」「汚い」に対する感覚にはどうしても個人差があります。片づけはデリケートな問題なので、その辺も十分に理解したうえで進めていきたいと思っています。

ごみ屋敷は高齢者に限らない

――依頼者は高齢者が多いのですか。

必ずしもそうとは限りません。いわゆるごみ屋敷のような状態になってしまう人は年齢も性別もさまざまで、有名大学を卒業したエリートと思われる人もいれば、世間的には堅いイメージの仕事をしている人、テレビに出ている有名人、見た目はまったく普通の女子学生もいます。

実は20代、30代の若い人も少なくありません。外に出て体力を消耗したり、医療などの人命にかかわる仕事に携わり過剰にストレスを抱え込んだりしている人や、失恋などがきっかけとなってセルフネグレクトのような状態になってしまう人も見てきました。外に出てさまざまなプレッシャーを受け、その結果、家では無気力になって何もする気がなくなってしまうようです。そのうえ、今の世の中は通信販売などを通して買い物はどこにいても便利にでき、ものは簡単に増えていきます。こうしたことも、ごみ屋敷の状態を招いてしまう一因でしょう。

――行政側も、条例化などの対策を講じ始めています。

行政側の職員は、多くの事例を蓄積して研究を深めてほしいですね。この問題は根が深く、長年取り組むことで分かってくることも多いのです。住んでいる人にはさまざまな事情があります。まずは、どうしてそのような状態になってしまったのかを考えることが必要です。そのうえで、そもそも一体誰のための片づけで、その後にどこを目指しているのか。それを当事者からきちんと聞き取り、把握したうえで対策を講じなければ解決は難しいのです。ただ片づけてほしい、という行政側の論理で当事者と向き合ってもうまくいかないことが多いのです。

実際に本人の意向を無視して片づけてしまった結果、その後に元の状態より3倍くらいにものが増えてしまったこともあります。自分の生きてきた証を目の前で捨てられ、そのままうつ状態になってしまった高齢者も目にしました。ごみ屋敷やセルフネグレクトに対する理解や対策に関して、東京23区の自治体の中ですら認識の差がかなり大きいのが現状です。やはり国や都道府県といった大きな単位できちんと考え、取り組むことが必要だと思います。

――今後はどのような点に留意すべきでしょうか。

ごみ屋敷やセルフネグレクトは、誰もが当事者になり得る問題です。私たちは、年を重ねるにつれて体が動かなくなっていきます。年齢に応じて自分が管理できるスペースを徐々に減らしていく必要があるでしょう。また安物を簡単に買うことによってものは増えていきます。かつては買うのが夢だったテレビや冷蔵庫、洗濯機も、今はちょっとお金を出せばすぐに買えてしまいます。

ごみ屋敷状態になってから片づけるのは大きなコストがかかります。私たち業者側としても利益を出していく必要があり、それなりの金額をかけざるを得ません。無駄な出費を防ぐための啓発も必要だと思います。同時に周囲の温かい目も大切ではないでしょうか。かつて、大学卒業を控えた地方出身のある女子学生の部屋を片づける仕事をしたのですが、ものがたまった部屋を見た大家さんが、「こんな状態なのは以前から私は知っていた」とその場で怒り始めました。そうなる前から何か手を打てなかったのか、と思います。東京で仕事をしていると、近所の人が見て見ぬふりをし続けた結果、事態が悪化してしまったというケースもよく目にします。

さまざまな事例を見ながら、どんな改善策がふさわしいのかいつも考え続けています。

実家片づけアドバイザー、渡部亜矢さん

わたなべ・あや／銀行や出版社勤務などを経て、2016年に一般社団法人「実家片づけ整理協会」の代表理事に。「実家片づけアドバイザー」育成講座の開講、テレビ番組出演のほか、著書に『プロが教える実家の片づけ』（ダイヤモンド社）、『カツオが磯野家を片づける日』（SBクリエイティブ）などがある。

世代間に大きなギャップ

あふれたものは次世代の重荷になりかねない

――「実家の片づけ」をテーマに講座を開かれています。講座を通じてどんなことを感じますか。

自治体の高齢者福祉部門、消費生活センター、男女共同参画センター、さらに企業や団体などの依頼を受けて、片づけの方法について話をしたり、「実家片づけアドバイザー」の資格認定講座を開講したりしています。自治体開催の講座の場合、平日の開催が多いということもあり、受講者の中には50代以降、特に60~70代の女性が目立ちます。実際に親の介護で悩んでいたり、自分の家がごみ屋敷に近い状態だと真剣に相談に来たりする人もいます。片づけの問題を先延ばしにするともっと大変なことになると、身内の異変に気づいてすぐ講座に足を運ぶ方もいます。

「片づけ」というと、女性の仕事だと考える人が多く、悩みを抱えて相談や受講をしに来る方は圧倒的に女性が多いです。ただ「実家の片づけ」となると、働き盛りの男性も悩んでいるようです。例えばきょうだいが少なく、それまで家事と無縁で仕事に励んできた男性が帰省した時に、家がごみ屋敷の状態で、さらに介護や相続問題に直面するケースがあります。そういった男性の場合は、誰にも相談できず、片づけどころか「親とどう向き合えばいいのか分からない」と言って講座を受けに来る方もいます。配偶者を亡くされた方もいます。

――介護や片づけの悩みを持つ人は少なくないようです。

70～80代を中心とした高齢者世代は、地方から都会に出てきて、高度経済成長の時代に住居を購入した〝第一世代〟にあたる人が少なくありません。自分たちで好きなものを買うことを享受してきました。ものを所有することこそを人生の豊かさととらえてきた方々が、いまその豊かさの象徴である「もの」に、逆に苦しめられていることもあるのが現実です。

戦後、ものが少なくて苦労をしてきた経験を持つ方たちですので、簡単に身内などから「捨ててほしい」と言いにくいのが実家の片づけの難しいところです。家族が納得できるように片づけていく必要があります。

使い切れないほどのものが家の中にあると、住む人に危険が及ぶ場合があります。高齢になるとどうしても足腰が弱ってくるので、ちょっとしたものにつまずいて転んで骨折する、というのもよくあるケースです。賞味期限切れのものを誤って食べてしまい、健康を損ねることもあります。

片づいていないと、日常生活の質が落ちるだけではありません。薬の保管場所に困るようになり、いずれ介護ベッドや車いすをはじめ、介護用品を購入した際には、置く場所もなくなります。当然、介護の質も下がってしまいます。さらに、あふれたものは、子どもや孫の世代の負担として引き継がれてしまうことになります。片づけにはかなりの体力と手間、そしてお金がかかるからです。

――片づけは高齢者世代を中心に直面する問題でしょうか。

そうとは限りません。むしろ子の世代にふりかかってくる問題です。働き盛りだったり、子どもの受験などを抱えていたり、更年期などで体調が不安定だったりする中年世代にとって、親の介護をしながら、同時進行で実家の片づけも進めるのは並大抵のことではありません。例えば一人っ子同士が結婚すれば、それぞれの両親、つまり4人の介護が必要になるかもしれません。さらに、その一人っ子同士の結婚によって子どもが生まれその子が成長すれば、いずれは介護に加え、自分の実家、父方の祖父母の実家、母方の祖父母の実家の計3軒の家の片づけが必要になる可能性もあります。

さらに、例えばおじやおばが単身世帯だったりすると、そちらも気にかける必要が生じます。そうなれば数軒の片づけが必要になり、かなり大きな負担となります。おそらく子どもだけでは十分に手が回らないでしょう。後の世代に負担をかけないためには、元気なうちにできるだけ仕分けをするなど、簡単な作業だけは進めておき、すっきりした環境で過ごしたほうがよいのではないでしょうか。

70代以上は「持ち家さえあれば老後は安泰」との思いから、高度成長期に家を買った世代です。しかし、今は空き家率もうなぎ上りで、家を売りたくても簡単に売れない時代です。リフォームをして子どもに残そうと考えても、また、売買するにしても片づいていないことにはどうにもなりません。

少子高齢化社会では、引っ越しサービスのように専門業者に依頼することが当たり前になってくるかもしれません。業者に依頼するとなれば、100万円近い費用がかかることも珍しくありません。

片づけは、家族間だけの問題ではありません。庭木が手入れされなかったり、敷地内に不用品を置きっぱなしにしたりすることで、不審火や空き巣を招きやすくなりますし、ごみ屋敷を巡るトラブルが絶えません。「片づけ」を社会マナーの一つとして認識することが必要になってくるでしょう。

窓ぎわに注意を

——セルフネグレクトにはどう対処すべきでしょうか。

セルフネグレクトは、配偶者の突然の死やペットの死、定年後の虚無感、加齢による体力の低下などがきっかけになります。さまざまな理由で「面倒くさい」「どうでもいい」といった考えが強くなり、体を動かさなくなってしまう状態だと思います。そのうえ、一人暮らしをしていれば、人と会う機会も減り、そうなれば会話も面倒になってしまうでしょう。仮に買い物に出たとしても、一言も話さず帰ってしまうことになるかもしれません。

セルフネグレクトはこうしたささいなことから始まっていきます。つまり、ふとしたきっかけで誰もがなり得るということです。

最近は「親が認知症になり、何も分からなくなったらどうしよう」という不安から、実家を片づけたいという方も増えていますが、一番怖いのは、認知症などの病気そのものではなく、生きていく気力が衰えてしまうことなのです。それが自分を放任、つまり虐待することにつながると思います。家を片づけることで前向きな気持ちになり、健康に過ごしていただきたいです。

セルフネグレクトの防止には「早期発見」が何より大切です。早く気づいて適切に対応すれば、悪化を防ぐことはできます。家族だけに限らず、見守りの社会の目も必要になってくるでしょう。

例えば、近所の家に次のような兆候が見えたら要注意です。

・人が住んでいる気配はあるものの、カーテンや雨戸は閉まったまま
・窓のそばにたくさんのスプレー缶やものが置かれているのが見える
・庭や玄関先にものが出ていたり、雑草が生えていたりする

また、日常生活では次のことに留意が必要です。

・買い物から帰ったらすぐにレジ袋からものを出す
・玄関、寝室、廊下、トイレ周りの床にものを置かない

・窓は毎日開ける
・クーラー、電灯などの電化製品の故障はすぐに直す
・ごみ収集日に必ずごみを出す
・抗菌グッズや薬に頼らない
・脱いだ衣服は積み重ねておかない
・軽く体を動かし、体力を落とさない
・食事に気をつける

買い物は捨てることまで考えて

――ものに対する考え方は世代によってだいぶ違うようです。

現代は何でも手軽に手に入ります。普通に生活をしていたら手元にものがどんどん増えていく、そういう時代です。

私は講座の時に、出席者に次の項目に自身が当てはまるかどうか、質問しています。

・服はたくさん持っているがいつも同じ格好
・使わないが捨てられないブランド品を持っている
・10年以上引っ越していない
・無料のサンプルやティッシュは必ずもらう
・賞味期限切れのものが冷蔵庫にある

これは、実は多くの人が該当します。

普段どうしても必要なものについて考えてみると、実際には生活用品は普通のスーツケース数個分程度で、服も数着しか着ていなかったりします（筆者注・1人当たりの一般的な持ち物の数は１５００個。同時に、４人家族がそれぞれ1日1個ものを増やした時、1年間に増えるものの数にも相当するという専門家の指摘もある）。

企業は消費者に商品を買ってもらうために広告に工夫をこらしますが、売った後にものがどう使われ、処分されるべきかについてはほとんど触れられていません。買った後にものをどう使い、維持するためには管理コストがどのくらいかかるのかについて、見直してみる必要があると思います。

「親が亡くなってから片づければいい」と言う人がいますが、亡くなってから遺品整理に大金をかけるよりは、本人や家族が元気なうちに快適に過ごせるように、日ごろから片づけることを心がけた方が、費用も労力も少なくて済みます。

大きなごみを処分するにはまとまった金額が必要ですし、リサイクルするにしても、そのための費用がかかります。こうした「捨てるコスト」については、官民の力を合わせた啓発が必要になってくるのかもしれません。今後は在宅医療が推進される傾向にありますので、病気になって介護が必要になった時、介護ベッドをはじめとした介護用品を保管する場所として、一部屋あけておくくらいの気持ちでいると、ちょうど良いと思います。

——片づけで追い詰められないためには、どうしたら良いでしょうか。

家の中にものをためこむことは、高齢者１人の問題ではありません。子どもや孫の世代に負担がかかるだけでなく、近隣をも巻き込む社会問題に発展することもあり得ます。

家族が手に負えない時は業者に頼んだり、必要に応じて行政にＳＯＳを出したりするなど、早めの相談がポイントです。

日本高齢者虐待防止学会理事長、池田直樹さん

いけだ・なおき／京都大学法学部を卒業後、１９８６年に弁護士に。上本町総合法律事務所（大阪市）所長。高齢者や障害者の権利擁護に長年取り組む。

「疎外感」「あきらめ」「絶望」からの転換を

　高齢者の虐待防止に関する研究を現場で役立てようと、学会誌発行や学術大会を開催しているのが「日本高齢者虐待防止学会」だ。学会には大学教員や医療・看護・保健分野の専門家、弁護士・司法書士・行政書士などのほか、高齢者施設関係者や介護支援専門員も含め４００人以上が加入している。

学会はセルフネグレクトを研究テーマの一つに据え、背景を分析するとともに経験の共有や啓発に努めている。

２０１７年3月には、東京の上智大学でセミナー「どうする？　セルフネグレクトの人への支援　ごみ屋敷、孤立、サービス拒否の人に地域で何ができるか」を開き、現場の関係者ら74人が集まった。

こうした取り組みもあり、セルフネグレクトを巡る問題がメディアで伝えられることも増えてきた。

弁護士の池田直樹さんは、この学会の理事長を務めている。

高齢者を社会に取り込むコミュニティを

――セルフネグレクトへの関心が高まっています。

「高齢者虐待防止法」が２００６年に施行され、それから10年余りが過ぎました。高齢者の尊厳と心身の崩壊を食い止める法律はできたものの、さらに見直しが必要だと考え、２０１０年7月に学会として改正案を作成しました。その中の提案の一つが

「虐待類型の中に、セルフネグレクトを新たに追加する」ことです（筆者注・日本弁護士連合会や日本社会福祉士会も2010年に同様の意見を表明している）。

防止法の第1章では虐待の類型を定めており、「暴行」や「暴言」、「わいせつな行為」などは明記されていますが、「セルフネグレクト」は含まれていません。この文言を条文に明記することで、市町村などの自治体がしっかりと取り組む必要があると考えています。しかし、当時立法に携わった議員の多くも選挙で入れ替わってしまいました。この法律は議員連盟が提案し、成立したものだったこともあり、厚労省主導の対策は今もなかなか進みません。

「被害者に対する虐待者」の枠組みを想定する防止法の中で、セルフネグレクトは「自身が自分の尊厳を傷つける」という類型なので、制度的にはなかなか枠組みを作りづらいところがあります。しかし虐待の防止、尊厳の確保の視点からみると、高齢者自身が自らの尊厳を傷つけている状況が存在し、中には深刻な事例もあることに変わりはありません。

学会では、これまでにも学術大会のテーマとしてセルフネグレクトを取り上げてきました。国としてセルフネグレクトの実体を把握するには制度、施策として位置づけられていることが必要ですが、厚労省や各自治体でもセルフネグレクトの実態はなかなか把握できていないのが実情です。ごみ屋敷に関する条例などを設けて対応している自治体もありますが、セルフネグレクトは切り口が異なりますし、条例のない自治体との間で不公平さが生じることは本来あってはならないことだと思います。

3月のセミナーでは、導入としてごみ屋敷からの切り口で、関係者から報告してもらいました。現場に入っている方や学者の方々、法律的な立場からセルフネグレクトを分析し、対応の方策について検討しました。

なぜごみ屋敷の解決が難しいのかというと、例えば私自身も、家の書斎に大事に置いているものも、家族から見れば「ごみだ」と言われて、「捨てる」「捨てない」でもめた経験があります。そういう意味ではごみ屋敷は一つの生き方に対する第三者の判断となるもので、そう簡単に踏み込めません。

——現状では、どう対応すべきでしょうか。

例えば、ごみ屋敷を見かけた場合、近所の住民には「ごみ屋敷を何とかしてほしい」と訴える方もいると思います。周辺環境の改善が必要だ、という視点ももちろんあるでしょうが、その中には、セルフネグレクトという、居住者本人が抱える根深い問題が潜んでいることが少なくないのです。そこに住む高齢者が今まで地域の中でどのように位置づけられ、自分らしく生きようとして、一体何を求めているのか。自分らしく生きることをあきらめてしまったのか、それはなぜか、についてきちんと探っていくことから始めることが必要なのではないかと思います。

高齢者がセルフネグレクトに陥る事情はさまざまですが、歴史的な背景も無視できません。

かつて日本には、各地に集落の共同体がありました。人々が魚や米を食べて生きていくためには、地引き網を引いたり、船団を組んだり、田植えや稲刈りなど村人同士が協力する必要があったのです。

ここで大切にされていたのが多くの経験や知恵を持つ高齢者です。天候不順の時、昔はどう乗り越えたのか、そうした発言は重く、地域の宝でした。

しかしその後、社会制度や科学技術、インターネットの発達などにより、世間に情報があふれるようになったことで高齢者に直接意見を求める必要が薄れてしまいました。高齢者が長年培った技術や経験は以前ほど評価されなくなり、むしろ軽視されるようになりました。「年寄りに頼る必要はない」といった風潮が今後ますます強くならないかと懸念しています。

――高齢者を置き去りにしないために何ができるのでしょうか。

高齢者にももちろん「自分らしく生きたい」という意欲があります。しかし「どう見ても自分は今の社会の役に立っていないのではないか」、そんな疎外感、孤独感を募らせる高齢者は少なくないと思います。

「何をやっても、みんな自分には関心がないのではないか」

「自分がごみに埋もれていたとしても、誰も心配する人がいないのではないか」

セルフネグレクトの背景には、高齢者のこんな不安が潜んでいるように思えます。セルフネグレクトに陥っている人も、過去をたどってみれば、輝いていたり、感動したりした時期も必ずあったはずですし、また数多くの自慢話を持っているはずです。そうしたことが何らかのきっかけで掘り起こされることで、「まだ人生でやり残したことがある」という意欲に変わっていくことがあるのです。

こんな話を聞いたことがあります。

ある一人暮らしのおばあさんが、銀行のATMの前でどうしていいか分からなくて立ちすくんでいました。この人に後見人がついて話を聞き出したら、かつておばあさんは中国東北部の旧満州に住んでいたことが分かりました。満州に住んでいたのは若い時だったこともあり、当時の記憶が鮮明に残っていました。認知症を発症し、最近のことは忘れていても昔のことは鮮明に覚えていることがあります。「昔の街を見に行きたい」と話すので、付き添いとともに当時の面影に触れ、昔の生活を追体験してもらったところ、なんと「前から思っていたのだけれど、ピアノを練習したい」という次の一歩が出るようになったのです。

実はこのおばあさんは認知症が疑われていましたが、実は自分らしさを封印してしまい、単に人生の目的を失っていた状態でした。周囲にはまるで認知症のように見えていました。

もちろんこうした事例がすべての人には当てはまるわけではありませんが、高齢者が何かのきっかけで意欲を取り戻すこともあるのです。

本人にかかわる親族や福祉スタッフがじっくり観察し、どこにポイントを絞れば生きる意欲や自分らしさを取り戻せるのか。当事者と地道に話を重ね、対応していくことが重要で、これはまさに福祉に求められる仕事だと思います。

――この問題では福祉の役割が注目されています。

福祉を中心とした行政、地元のコミュニティと、双方からの支援が必要だと思います。最低限の生活を制度的に保障するのが行政だとすれば、コミュニティは、例えば地元の祭りなどの行事に高齢者を引き込んだり、子どもや若い世代がその土地であった昔話を聞きに行ったりするなど、そういう小さな取り組みを積み上げ、高齢者の居場所を作り出すことが大事だと思います。

地域とあまり接点のない高齢者の場合、周囲の人は「昔からここにいた人ではない」「あの人はつきあいも悪いし、放っておこう」と考えがちですが、そうやってコミュニティから外してしまうと、本人はますます疎外感を強め、孤立してしまうことになります。コミュニティをどう再生させ、活性化させるかについては、まだまだアイデアが求められています。先進的なコミュニティ作りの取り組みこそ、メディアがもっと伝えていくべきではないでしょうか。

●読者からのメール

セルフネグレクトの実態を明らかにしていくには、１人でも多くの当事者の声を拾い、現場の事情を把握し、多くの事例や蓄積を共有していくことが必要だ。毎日新聞の一連の報道では、関連記事を掲載すると同時に、読者に広く情報提供を呼びかけた。

毎日新聞のサイト「毎日ｊｐ」で記事を掲載したところ、「Yahoo! Japan」などの大手ポータルサイトなどがそれを次々に転載した。これによって多くの声や意見が寄せられた。実際にものがたまった家に住んでいる人から送られたものもあった。

中には、スマートフォンで撮影した現場の画像を送ってくれた人もいる。直接住人に声をかけることはしていないが、普段の通り道で見かける家の状態が気になっていた、という人も多かった。

まだ全体像は把握しきれていないが、こうした声の存在は、問題の根深さをうかがわせる。ここで一部を紹介したい。

・「大阪府の我が家の隣もごみ屋敷。しかも我が家の玄関前、居間の横にごみが積まれ、居間の窓は開けられません。我が家のこの状態に激怒した父は、市役所などへ何度も足を運んでいます。しかし、解決には至っていません」

・「記事を読みましたが、大変な危機感を抱いています。

ごみ屋敷の問題は、親元からの（子どもの）独立や家族との死別などで、1人になったとたんにごみ屋敷になるケースがあり得ます。

今後、構造的に単身世帯が増加していく中では、『ごみ屋敷・マンション』になる所が増えていきます（放っておけば）。中長期的には学校における整理整頓の教育が重要です」

・「70代の母と40代の私（男性）の二人（暮らし）で、住居もごみ屋敷化していま す。（そうなってしまった原因は）処分のためのコストが高いことが挙げられま す。収入のない生活では捨てることすらままなりません。幾度か片づけようと したこともありました。しかしごみがたまりすぎると、『こっちのモノをあっ ちに移動して』ということすらできなくなっていきます。

記事中にあるセルフネグレクトに陥ってしまう方々の気持ちが痛いほど理解 できます。私も母が死ねば生活できなくなりますので、死ぬしかありません。 生きていても誰の役にも立てず、社会の役にも立たなくなった人間からは人は 離れていきます。

本当に恥ずかしい話ですが、私の場合は母が守ってくれなければ生きていく ことができないのです」

・「今の時代、特別なことではなくなりつつあります。ニュースにならないごみ屋敷は珍しくなくなっています。
今は（事例を把握する）民生委員のなり手がおらず、地域の人であっても誰が地域の民生委員なのかが分からない人も多いのです」

・「友人宅は家の中がごみだらけで、とても人が住める状態ではない中、母と子ども3人、計4人で生活をしています。今後が心配です」

・「『セルフネグレクト』という認識が（広がってきたのは）最近ですよね。（これからも理解を深めるために）マスコミの力をぜひ発揮していただければと思います」

・「（千葉県で）通勤経路にあるため嫌でも目に入る家があります。70〜80代の高齢の女性がおそらく1人で暮らしています。どうやって家に入っているのか想像できない状況です」

・「ごみ出し支援制度は、多くの人にあまり周知されていません。今後利用者が増えていくことを考えると、自治体が負担する経費はどのくらいになるのかが心配です。
　これからますます高齢化が進む中、ごみの分別をできるだけシンプルにするということも選択肢の一つだと思います。できるだけ分別してごみを減らすという従来の発想を転換する必要があるのではないでしょうか」

巻末資料

セルフネグレクトに関するこれまでの主な研究

各機関の調査結果から実態を読み解く

セルフネグレクトを巡っては、全国的な実態把握はまだ不十分なものの、行政や研究機関による調査はこれまでにも実施されている。ここでは3つの機関の調査により明らかになっていることの要点を紹介したい。

1　2010年度の内閣府委託事業の調査

介護や地域とのつながりを拒否し、自らの健康や安全を脅かす層が少なからず存在している。地域から孤立しているだけでなく、家族からも疎外されているような事例もあり、孤独死につながる可能性も高く、幸福度が非常に低いとの問題意識から「セルフネグレクト状態にある高齢者に関する調査――幸福度の視点から」を主題に調査。全国の市区町村を対象にアンケートをした。調査ではまず、セルフネグレクトについて「高齢者が、通常一人の人として生活において当然行うべき行為を行わない、あるいは行う能力がないことから、自己の心身の安全や健康が脅かされる状態に陥ること」と定義した。具体的な事例は次の通りだ。

1　家の前や室内にごみが散乱した中で住んでいる人
2　極端に汚れている衣類を着たり、失禁があったりしても放置している

3　窓や壁などに穴が開いていたり、傾いていたりする家にそのまま住み続けている
4　認知症であるにもかかわらず介護サービスを拒否している
5　重度のけがを負っているにもかかわらず治療を拒否している

右の項目をふまえ、セルフネグレクトに陥っている高齢者の実態把握に関する自治体の答えは次のようになった。

・全数把握している（6・6％）
・セルフネグレクト状態の高齢者の情報は得ているが、件数の把握はしていない（33・5％）
・特に把握していない（40・6％）

さらに、セルフネグレクトに対する認識を尋ねたところ、次のような回答だった。

〈セルフネグレクトに対する認識〉
・非常に重要な問題と認識している（30・2％）
・ある程度重要な問題と認識している（61・4％）

〈認識している理由〉
・生命などの危機としての問題があるため（78・8％）

・制度の狭間にある問題であるため（10・6％）

調査で注目されるのは、地域包括支援センターや民生委員からの報告件数から推計した結果だ。全国でセルフネグレクト状態にあると考えられる高齢者は、約1万人（9381〜1万2190人、平均値1万785人）存在するという数字を明らかにした。

2009年度に「セルフネグレクト状態にある高齢者がいた」と回答した地域包括支援センターは1319センターだった。うち1314センターからは件数についても回答があり、計4345人がセルフネグレクト状態にあるとされ、1センター平均で3・3人の計算になる。

一方、民生委員の回答では、全体の27・2％にあたる3213人が「担当地区にセルフネグレクト状態にある高齢者がいた」とある。

地域包括支援センターや民生委員に対し、把握事例の内容について調査したところ、年齢別では80〜84歳が最も多く、次に75〜79歳と続いた。性別では女性が男性を上回り、「本人のみの独居」が7割近くを占めた。近隣の人が身の回りの世話をしたり話し相手になったりしている事例が多いという。

地域包括支援センターの回答は次のような結果が出ている。

〈家族・親族との親密度〉
・まったく希薄（41・3％）
・やや希薄（26・6％）
・親密（14・6％）
全体の約3分の2の高齢者が家族や親族との関係が希薄になっている。

〈セルフネグレクトのきっかけや理由〉
・疾病・入院など
・家族関係のトラブル
・身内の死去
・配偶者や家族の入院、入所
・借金や金銭トラブル
・収入減などの経済的困窮

〈セルフネグレクトの解消や改善に役立ったこと〉
・介護保険の在宅福祉サービスの利用
・介護・福祉施設への入所

・本人への生活改善指導
・成年後見制度の利用
・家族（特に子ども）・親族との連携協力・支援
・近隣住民の協力・見守り

〈セルフネグレクトの支援で困難を感じた点〉
・いくら説得を試みても本人が拒否した（回答数最多）
・家族の理解・協力を得ることができなかった
・何度も通うなど時間的な負担が大きかった
・経済的な負担が大きかった
・近隣住民の理解・協力を得ることができなかった

またセルフネグレクトの状態にある高齢者本人138人にも聞き取り調査をした。セルフネグレクトに陥った時期に関しては「分からない」という回答が最も多く、普段の過ごし方を尋ねると、昼間は横になっているか、テレビやビデオ、DVDを見ているという人が目立った。

ほかにも家族の話題、これまで一番楽しかったこと、つらかったことなど、プライベートな事柄についても尋ねている。

〈家族の話をする際、話題に挙げる対象者〉
・子ども（44・4％）
・きょうだい（36・1％）
・父または母（22・2％）
・配偶者（13・9％）

〈今までで一番楽しかったこと〉
・家族との思い出（17・4％）
・仕事をしていたころ（15・2％）
・旅行をしたこと（11・6％）
・趣味が充実していたころ（7・2％）

〈今までで一番つらかったこと〉
・家族との死別（19・6％）
・けが、病気、体調の悪さなど（18・1％）
・家族との関係、いじめ、虐待の問題など（7・2％）
・土地、遺産、金銭などのトラブル（5・8％）

・仕事上のトラブル・つらさ、災難・事故、漠然とした孤独感（いずれも2・2％）

身の回りで困っていることに関しては「身体的なつらさや体力の衰え」という回答が最も多く、「家事や身の回りのことが困難」などが挙がった。

2　ニッセイ基礎研究所のセルフネグレクトと孤立死の調査

２０１０～２０１１年にかけて、全国自治体の高齢者福祉担当課などを対象に調査をした。そこでは「孤立の結果である孤立死という問題と、セルフネグレクトは非常に密接な関係を持つものと推察されるが、その実態についてはいまだ明らかにされていない」と指摘している。

「孤立死事例の中におけるセルフネグレクト事例の実態」によると、性別は男性が４９６人（64・8％）と半数以上を占め、年齢の平均値は74・1歳だった。この結果から次のように考察している。

・孤立死の中の約8割でセルフネグレクトと考えられる事例が含まれている

・セルフネグレクトは孤立死に至る大きなリスクを負う状態である可能性が高いと考えられる

3　「公益社団法人　あい権利擁護支援ネット」のセルフネグレクトに関する調査

厚生労働省の補助金（2014年度）により、2014年10〜11月の2カ月にわたり、犯罪被害と認知症との関連について調査した。対象は全国の市町村や地域包括支援センターで、セルフネグレクトに関する問題も浮き彫りになった。

自由回答欄に、自治体の担当者や地域包括支援センターからの意見が寄せられている。地域包括支援センターは、より現場に近い立場でもあるだけに、自治体に対する不満の声も届いている。多くのケースを抱え、悩みも少なくないようだ。

市町村の高齢福祉担当部署、地域包括支援センターのそれぞれの回答の中から、主なものを次に紹介する。これらの声から、実状を把握しつつも対応に苦慮する現場の様子が伝わってくる。

〈市町村高齢福祉担当部署〉

・本人がすべての支援やサービスを拒否した場合、介入できる法的根拠がないため、生命への危険が予測できても、ぎりぎりまで見守ることしかできない
・セルフネグレクトも法制化し、根拠ある対応ができるように期待します
・高齢者の判断力低下により、自身が置かれている現状を理解できていない
・初期段階でのケース把握が望ましいが、問題が表面化しにくく、早期対応が難しい

・部局をまたいだ担当者間の相互理解に困難さがある
・往診医が少ない
・「放っておいてほしい」「もうすぐ死ぬのだから」「市役所に何ができるのか」とよく聞かされて、無力さを痛感している。そのような状態に陥ってしまった高齢者自身が誰かの助けを借りて、もう1回頑張りたいと思えるような地域づくりが大切だ

〈地域包括支援センター〉
・日本の虐待防止法では、セルフネグレクトを虐待の一つとして認めていないため、行政が動いてくれない
・セルフネグレクトというとらえ方の意識が少なく、総合相談内にて対応しているため、実態が数値化されていない
・(当事者は)親族からも見放されてしまっている方が多い
・同居している息子以外の協力者がいなくて困ることも多い
・地域課題として認識されていない場合も多く、相談や通報の絶対数が少ないように感じる
・マンションや市営住宅の場合、把握が難しい。管理組合から相談を受けたが、本人が接触を拒否する
・業務過多、及びマンパワー不足で現状ではセルフネグレクトの予防・早期発見は困難であ

る。また行政との連携も個人情報保護法が壁となり難しく、地域包括支援センターで抱えることが多い

・当事者が家族と疎遠な場合、金銭面でも生活面でも協力が得られず解決に向かわない。いつまでも面倒を見ることはできない

・（対応に）時間と労力がかかる。また人材育成も必要。人手が足りない

・こちらで連携の必要を感じている場合でも、行政から「こちらの担当ではない」「命に別状なし」「本人が困っていないので対応できない」などの理由で対応を断られる

・一に専門職が少なく、連携をどう図ればよいか分からない

・役所内に責任の分担を避ける傾向があり、緊急の対応が遅れる

・個人情報の問題があり、役所も住民票や戸籍を調べてくれない。緊急時、親族の電話番号が分からない

・支援にあたって、行政機関内の各部署との連携がうまく取れず、支援が滞り、情報共有がなされない

・警察に相談しても、「自傷・他害」がないと介入できないと言われる

・職員により温度差が違う。「（本人が）拒否しているから」と放っておく職員もいる

・ケアマネジャーが抱え込んでしまっているケースが多いと思われる

・地域包括支援センターがどのように把握、対応、介入すればよいか、研修を受けたい

・職員の心身にかかる重圧も大きい。チームでのアプローチが大切
・生きがい（役割、家族、責任）がないとセルフネグレクトになりやすい
・大きな団地の中、大勢の人が住む環境でも扉を閉ざしてしまえば孤立する。日ごろから周囲とつながっていないと、生活状況の変化に気づくことがなく、問題が深刻化してから連絡が入る。人とのつながりの絶えた方、自身がその状況に鈍化していて、支援の必要性を感じておられない方に少しずつかかわっていくことは、長いスパンでとらえないといけない
・相談が少なく、実態を把握できていないのが現状です。地域包括支援センターが知らないだけで、悩んだり困ったりしている人はいると思う

これらの意見から、セルフネグレクトの状態にある人は複合的に問題を抱えていることが多く、自治体が対応するには複数の部署の協力が必要なことが見えてくる。しかし現状は、高齢者福祉担当部署と地域包括支援センター間、また庁内や庁外の関係部署・機関との間で支援の必要性について認識が十分共有できておらず、問題になっている。支援方針が決まらず、適切な支援につながらないこともある。

当事者の最も身近にいる現場の担当者と、自治体の間の温度差がある。自治体や行政の実態把握、情報の共有など、課題は多く残されている。

早期発見のために

セルフネグレクト状態に陥ってしまったものの、自ら支援を求める声を上げないことで長期間放置され、極端に状況が悪化するまで周囲が気づかないことも少なくない。

セルフネグレクトの兆候をどのように把握し、早期発見につなげればよいのか。研究者は、特に以下の項目（「見守りのためのサイン」「セルフネグレクトのサインシート」）を確認するよう呼びかけている。

見守りのためのサイン

具合が悪そうに見える、急にやせてきた気がする。

町内会、サロン、サークルなどの
地域の集まりや行事に来なくなった。

家に閉じこもってほとんど外に出てこない。
長い間、顔を見かけない。

認知症や介護が必要な家族を抱え、
介護者が疲れている様子がある。

今まで挨拶していたのにしなくなった。
話がかみ合わなくなった。

髪や服装が乱れている、季節に合わない服を着ている。

庭が荒れている。家から異臭がする。

金銭管理がうまくいっていない、滞納がある。

出典：科学研究費助成事業「セルフ・ネグレクトの予防と支援の手引き」
東京都福祉保健局「高齢者の見守りガイドブック」2013年を一部改変
（2017年3月 研究代表者 岸恵美子）

セルフネグレクトのサインシート

〈本人の状況家屋および家屋周囲の状況社会との交流〉

□ 無力感、あきらめ、投げやりな様子がみられる
□ 暴言を吐く、無表情な顔つきなど、今までと急に変わった様子がある
□ うす汚れた下着や衣服を身につけている時がある
□ 服装や身だしなみに関心がなくなってきた
□ ごみをうまく分別できなくなった、または指定日にごみを出さなくなった
□ 薬を飲んでいないなど、治療を中断していているような言動がある
□ やせてきたり、体調が悪そうに見える
□ 痛みや病気のために日常生活の動きが制限されているようにみえる

〈家屋および家屋周囲の状況〉

□ テーブルや台所に汚れた食器類が積み重なっている
□ トイレ、台所、浴室など使えない場所がある
□ 仏壇の手入れがされていない
□ 室内を掃除した様子がない
□ 中に入れてもらえない部屋がある（開かずの間がある）
□ 庭や家屋の手入れがされていない（雨どい、門が壊れたまま放置されている）
□ 郵便受けに郵便や新聞がたまっている
□ 同じ洗濯物が干したままになっている。洗濯機が使えない
□ 晴れた日なのに雨戸やカーテンが閉まったままになっている
□ 昼夜問わず、室内の照明がついていない。昼でも照明がついている
□ 玄関周りや室内の床に小銭が落ちている

〈社会との交流〉

□ 近年、一人暮らしになった
□ 近年、家族、特に配偶者の死に直面した
□ 近隣との日常会話が減った
□ これまでに近隣とのトラブルがある
□ 今まで挨拶していたのに、挨拶しなくなった
□ 外出の頻度が急に減ってきた
□ 地域行事への参加が急に減ってきた
□ 買い物に行かなくなった
□ 自分の周囲に関して無関心になる
□ 何を聞いても「いいよ、いいよ」と言って遠慮をし、
　世間や周囲に気がねする態度がみられる
□ 家にいることは確認できるが、返事がない、または電話に出ない
□ 今まであった親族・別居家族の出入りがみられない

出典：科学研究費助成事業「セルフ・ネグレクトの予防と支援の手引き」
（2017年3月 研究代表者 岸恵美子）

厚生労働省による最新のセルフネグレクトに関する通達

最後に、厚生労働省が2015年7月に各都道府県の高齢者保健福祉担当部署に出したセルフネグレクトに関する通達を紹介する。

通達は「市町村や地域包括支援センターにおける高齢者の『セルフ・ネグレクト』及び消費者被害への対応について」。セルフネグレクトについて「支援には困難が伴いますが、生命・身体に重大な危険が生じるおそれや、ひいては孤立死に至るリスクも抱えています」として、関係部署・機関の連携体制の構築に務めることなどを呼びかけているが、注意を喚起する範囲にとどまり、具体的な実態について、統計の数字などを示すには至っていない。セルフネグレクトの実態把握を進める動きは、国よりも一部の地方自治体の方が先行しているのが実状だ。

ーク等の既存のネットワークや介護保険法（平成９年法律第 123 号）に基づく地域ケア会議も有効活用しつつ、セルフ・ネグレクト状態にある高齢者に対応できる関係部署・機関の連携体制の構築に努めていただきますよう、よろしくお願いします。

2　高齢者の消費者被害への対応について

消費者被害に遭った高齢者は、判断能力の低下等の理由から、「被害に遭っていない」「困っていない」など、市町村や地域包括支援センター、消費生活センター等の関与を拒否することもあるので、支援には困難が伴いますが、このような高齢者が悪質商法の事業者間で共有される被害者の名簿に登載され、繰り返し被害に遭う可能性も高いことが指摘されています。各市町村においては、報告書に示された各地域の取組事例も参考としながら、必要に応じて高齢者の見守りネットワーク等の既存のネットワークや介護保険法に基づく地域ケア会議も有効活用しつつ、判断能力の低下が疑われる高齢者等の消費者被害に対応できる関係部署・機関の連携体制の構築に努めていただきますよう、よろしくお願いします。

なお、昨年、消費者安全法（平成 21 年法律第 50 号）が改正され、地方公共団体が、消費者安全確保地域協議会を設置できることが規定されました。本改正は、国及び地方公共団体の機関、病院、教育機関、消費生活協力団体又は消費生活協力員等は協議会を構成することができ、消費生活上等に配慮を要する消費者の見守り等必要な取組を行うというもので、見守りの対象者に関する個人情報を、必ずしも本人の同意がなくても、協議会に提供できる等の特性があります（消費者安全法第 11 条の２、第 11 条の４など）。本年３月 27 日に公表した「改正消費者安全法の実施に係る地方消費者行政ガイドライン」では、地域における見守り活動を一層促進するための指針を示しており、地域包括支援センター等が構築を推進している地域のネットワークとの連携も十分考えられるところであり、適切な対応をお願いします。（本年３月２日・３日の全国介護保険・高齢者保健福祉担当課長会議において連絡済み。）

3　老人福祉法に基づく対応について

老人福祉法（昭和 38 年法律第 133 号）においては、高齢者の権利擁護の観点から、市町村の役割として、第 10 条の４又は第 11 条の規定に基づくやむを得ない事由による措置や、第 32 条の規定に基づく成年後見制度の市町村長申立ての仕組みが定められています。

特に、生命・身体・財産に重大な危険が生じるおそれのあるセルフ・ネグレクト状態や消費者被害に遭った高齢者に対し、市町村長は、事実確認を速やかに行い、老人福祉法に基づく措置（やむを得ない事由による措置）を行う必要があります。

また、医療と介護の総合確保の観点からも、市町村が地域の医療機関や保健所等と緊密に連携し、適切に対応することが重要です。さらに、高齢者の判断能力の程度に応じて、老人福祉法に基づき、市町村長による成年後見申立が的確に行われ、認知症高齢者等の権利擁護のために必要な選択・契約、財産管理をする成年後見人等が選任されることも重要です。

セルフ・ネグレクト状態にある高齢者への対応や判断能力の低下が疑われる高齢者の消費者被害への対応に当たり、老人福祉法に基づく市町村の権限の適切な行使をよろしくお願いします。

写

老推発 0710 第２号
平成 27 年７月 10 日

各都道府県高齢者保健福祉主管部長　殿

厚生労働省老健局高齢者支援課
認知症・虐待防止対策推進室長

市町村や地域包括支援センターにおける高齢者の「セルフ・ネグレクト」及び消費者被害への対応について

公益社団法人あい権利擁護支援ネットにおいて、平成26年度の厚生労働省老人保健健康増進等事業（老人保健事業推進費等補助金）を活用し、「セルフ・ネグレクトや消費者被害等の犯罪被害と認知症との関連に関する調査研究事業」報告書（以下、単に「報告書」という。）がとりまとめられ、公表されたところです。
（※http://www.i-advocacy.net/H26houkoku.html）

今般、報告書の内容を踏まえ、各市町村や地域包括支援センターにおける、セルフ・ネグレクト状態にある高齢者への対応や、高齢者の消費者被害への対応について、下記のとおりお示ししますので、貴管内市町村に対して周知いただくとともに、適切な助言及び支援をお願いします。

なお、本通知は消費者庁消費者教育・地方協力課とも協議済みであり、その内容は同課から各都道府県・市町村の消費生活センター・相談窓口にも周知される予定であることを申し添えます。

記

1　セルフ・ネグレクト状態にある高齢者への対応について

介護・医療サービスの利用を拒否するなどにより、社会から孤立し、生活行為や心身の健康維持ができなくなっている、いわゆる「セルフ・ネグレクト」状態にある高齢者は、高齢者虐待の防止、高齢者の養護者に対する支援等に関する法律（平成 17 年法律第 124 号）にいう高齢者虐待の定義には含まれていませんが、報告書では、高齢者虐待対応とは別に、市町村の高齢福祉、生活保護、障害福祉、環境衛生等の関係部署が、介護支援専門員や介護サービス事業所、社会福祉協議会や民生委員、医療機関、警察等と連携して対応しているだけでなく、高齢者虐待に準じて対応している市町村や地域包括支援センターもあるなど、地域の実情に応じた工夫が紹介されています。また、保健所・保健センター、都道府県の精神保健福祉センター等との連携やバックアップも必要となります。

セルフ・ネグレクト状態にある高齢者は、認知症のほか、精神疾患・障害、アルコール関連の問題を有すると思われる者も多く、それまでの生活歴や疾病・障害の理由から、「支援してほしくない」「困っていない」など、市町村や地域包括支援センター等の関与を拒否することもあるので、支援には困難が伴いますが、生命・身体に重大な危険が生じるおそれや、ひいては孤立死に至るリスクも抱えています。報告書に示された各地域の取組事例も参考としながら、必要に応じて高齢者の見守りネットワ

おわりに

　筆者が２０１７年3月まで所属していた毎日新聞東京本社の「特別報道グループ」は、東日本大震災が起きた２０１１年に発足した。役所や警察の発表に依らない「調査報道」の専門チームで、日々のニュースに追われるのではなく、個々の記者が自分でテーマを据えて長期取材し、一つずつ記事を積み重ねていく。

　ここに所属する記者は、いわゆる記者クラブなどといった特定の「持ち場」がない。個々の問題意識で人に会い、現場に行き、取材を深めていく。

「普段あまり行けない場所にあえて出かけ、なかなか会えない人に会おう」。そんな思いを抱きながら、このセルフネグレクト問題の取材を続けた。

筆者は41歳。妻と二人暮らしだ。これまでは日々、目の前の仕事をこなすことで精一杯だったが、40歳を過ぎ、住居のローンを抱え、「自分が70代、80代になった時、日本はどう変わっているだろうか」「下の世代の人から、取り残されてしまうのではないか」「自分の財産、貯金はどうなっているだろうか」「この先安心してずっと暮らしていけるだろうか」といったことをますます考えるようになった。

「老前破産」「定年後貧困」「社会保障費が大膨脹」「75歳まで働かされる」「中流崩壊」「格差固定」「自治体消滅」「大量リストラ」「定年後の最大の問題は孤独」——。

書店の棚や電車の中吊り広告に目をやると、こんな言葉が目に飛び込んでくる。

安倍晋三首相は「働き方改革」を進めているが、各地の職場では人手不足が慢性化している。政府は2018年、「65歳以上を一律に高齢者と見る一般的な傾向は、現実的なものではなくなりつつある」との見解を示し、高齢者の就労促進を打ち出した。心身の健康が今まで以上に気になる一方、インターネットやSNSの発達で、いつも何かから追い立てられているような感じもする。「この先、健康に働き続けることができ、本当に安心して暮らせるだろうか」。そんな思いがわいてくる。

日本の高度経済成長を担った中心的な世代である現在の高齢者の人たちの中には、自らの意に反して、セルフネグレクトの状態に陥ってしまった人がいる。不安を抱えながら寂しい老後を過ごす人たちの姿を見たり、家族の話を聞いたりするのはつらかった。本書で紹介した数々の事例を取材しながらいつも頭をかすめたのは、「自分も何らかのきっかけが重なることで、こうした状態になってもおかしくない」という感覚だ。年を重ねれば、自分の体力もきっと衰えるだろう。この先、セルフネグレクトに陥らない、と断言できるだろうか。取材を進めるほど、到底他人事とは思えなくなっている。

孤立する高齢者の問題は、年々深刻さを増している。英国では2018年1月、孤独を感じることが健康に悪影響を及ぼすとして、「孤独担当相」を新設したと報じられた。日本人としても無関心ではいられない。

この場で、この問題を取り上げた毎日新聞の1面コラム「余録」を紹介したい。ものがなくても心が安らかだった時代と、ものがたくさんあっても孤独と隣り合わせの時代。私たちは、幸福な社会を実感できているだろうか。

【2017年3月22日付　毎日新聞「余録」】

あるフランス人の日本報告だ。「家具といえば、彼らはほとんど何も持たない。一隅《いちぐう》に小さなかまど、夜具を入れる引き戸つきの戸棚、小さな棚の上には飯や魚を盛る小皿が皆きちんと並べられている。これが小さな家の家財道具で、彼らはこれで充分に公明正大に暮らしているのだ」▲むろん幕末の話である。実際、当時の庶民の暮らしは身軽だったようだ。無理して家財を持っても、ひんぱんに起きる火事で焼けてしまうと分かっていた。わずかな家財もリサイクルしながら使い回した昔の日本人である▲その日本人が欧米の文明に乗り換えて1世紀半、家にモノがあふれ、時には生活がモノに振り回される今日だ。そして体力や生活意欲の衰えなどでごみの処分ができなくなった高齢者が不要なモノに埋もれて暮らす「ごみ屋敷」「ごみ部屋」が各地で問題化している▲自治体によってはお年寄りらのごみ出しを支援する制度があり、その利用者が増え続けているという。埼玉県所沢市の場合はこの10年で取り扱いが3倍になったが、ニーズはまだまだ潜んでいるようだ。なのに支援制度のある自治体はまだ全体の4分の1に満たない▲ごみ屋敷問題の背景の一つには、人間関係の孤立などから自分自身への関心を失い、身の回りのことができなくなるセルフネグレクト（自己放任）の広がりがある。ごみ出し支援はセルフネグレクトの防止につながり、また長期的支援の端緒になるものと期待される▲家にろくにモノがなかった昔はまた近隣同士の開けっぴろげな暮らしで欧米人を驚かせた。あふれるモノと孤立した人と――思えば遠くに来たものである。

取材は決して順調だったわけではない。ＳＮＳがますます発達し、あらゆる情報がインターネットで発信されていると信じられている。しかし取材を試みた当事者たちの中には、パソコンも持たず、携帯電話も契約していない人が少なくなかった。本人と接触したり、連絡を取るために直接家を訪ね、出入りを待ったりした。地道に人に会い、実際に話を聞かなければ分からないことばかりだった。一連の報道を通じ、直接取材の大切さを再確認した。

一方で、インターネットの力には助けられた。幸いにして記事は多くの人にアクセスしていただき、「毎日.jp」から各所に転載されたことで、この問題に悩む多くの人のもとにも届けられた。当事者の方々が声を上げてくれたことで新たな情報が寄せられ、次の記事につながっていった。

取材では、東邦大学の岸恵美子教授や東京都足立区生活環境保全課の祖傳和美課長をはじめ、多くの方々に協力や助言をいただいた。岸教授らによるセルフネグレクトに関する著作はいずれも意義深い研究成果だ。合わせて参考にしていただきたい。

また特別報道グループの同僚の山口知記者（現・大阪社会部）や、グループの先輩である銭場裕司記者（現・東京社会部）、山田泰蔵記者（現・東京医療福祉部）のほか、多くの毎日新聞の仲間に支えてもらった。

最後に、松下英志編集委員（現・さいたま支局長）はこの問題の重要性を早くから認識し、数々の貴重な助言や叱咤激励をいただいた。ここまで取材を積み重ねられたのは、松下編集委員の熱意と尽力によるものだ。また本書のテーマに関心を寄せ、数々のアドバイスをいただいた毎日新聞出版図書第二編集部の峯晴子副編集長にも感謝申し上げたい。

本書はこれまでの取材経過をまとめた形となったが、実態把握が進み、より実効性のある方策が打ち出されることを強く願ってやまない。

２０１８年1月

毎日新聞　記者

工藤　哲

ブックデザイン　鈴木成一デザイン室
編集協力　阿部えり
ＤＴＰ　荒木香樹

著者紹介

工藤 哲（くどう・あきら）

１９７６年青森県で生まれ、埼玉県で育つ。１９９９年に毎日新聞社に入社し、盛岡支局、東京社会部、外信部、中国総局（北京、２０１１～２０１６年）、特別報道グループを経て外信部記者。著書に『中国人の本音　日本をこう見ている』（平凡社新書）、共著に『離婚後３００日問題　無戸籍児を救え！』（明石書店）などがある。

母《はは》の家《いえ》がごみ屋敷《やしき》

高齢者《こうれいしゃ》セルフネグレクト問題《もんだい》

印刷　２０１８年２月15日
発行　２０１８年２月28日

著者　工藤《くどう》　哲《あきら》
発行人　黒川昭良
発行所　毎日新聞出版
〒１０２-００７４
東京都千代田区九段南１-６-17　千代田会館５階
営業本部　０３-６２６５-６９４１
図書第二編集部　０３-６２６５-６７４６

印刷　精文堂
製本　大口製本

ISBN 978-4-620-32467-8